피카소 시집

파블로 피카소 지음

앙드룰라 미카엘 해설 | 서승석 · 허지은 옮김

문학세계사

옮긴이 · 서승석
이화여자대학교 문리대 졸업. 파리 IV-솔본느 대학 비교문학 석사.
불문학 누보 박사. 덕성여대, 수원대 겸임교수 역임, 서울대 출강.
저서로 박사논문집 『폴 엘뤼아르 작품에 나타난 동일화』,
시집 『자작나무』, 『흔들림에 대하여』, 『사람 사랑』,
『그대 부재의 현기증』 등이 있음.

옮긴이 · 허지은
연세대학교 졸업. 파리 라 빌레트 국립건축학교 수료.
현재 전문 번역가로 활동중.
번역한 책으로 『줄리아의 즐거운 인생』, 『롱기누스의 창』
『초콜릿을 만드는 여인들』, 『손을 씻자』, 『위로』, 『왕자의 특권』 등이 있음.

피카소 시집
파블로 피카소 지음

•

초판 1쇄 발행일 2009년 9월 3일
2쇄 발행일 2013년 1월 10일

•

옮긴이 · 서승석/허지은
펴낸이 · 김종해
펴낸곳 · 문학세계사

•

주소 · 서울시 마포구 신수동 345-5(121-110)
대표전화 702-1800 팩시밀리 702-0084
mail@msp21.co.kr www.msp21.co.kr
출판등록 · 제21-108호(1979.5.16)
값 8,500원

ISBN 978-89-7075-468-0   03860
ⓒ 문학세계사, 2009

Pablo Picasso

Poèmes

Présentation d'Androula Michaël

Poèmes by PABLO PICASSO

© 2005 LE CHERCHE MIDI EDITEUR

All Rights Reserved.
Authorized translation from the original French language edition
published by LE CHERCHE MIDI EDITEUR.
Korean translation © 2009 by Munhak Segye-Sa Co.
Korean translation rights arranged with LE CHERCHE MIDI EDITEUR
through Chantal Galtier Roussel, Literary Agency and Orange Agency in Korea.

이 책의 한국어 저작권은
오렌지 에이전시와 Chantal Galtier Roussel 에이전시를 통한
LE CHERCHE MIDI EDITEUR와의 독점계약으로 문학세계사가 소유합니다.
저작권법에 의하여 한국 내에서 보호를 받는 저작물이므로
무단전재와 무단복제를 금합니다.

피카소 시집

파블로 피카소 지음

이 작품 출간 계획을 세우고 그 실현을 위하여 끊임없는 지원을 아끼지 않았던 클로드 피카소와 크리스틴 피오, 이 기획이 마침내 빛을 볼 수 있도록 열정적으로 일을 추진해준 출판인 미레이으 파오리니에게 심심한 감사를 드립니다. 또한 내게 피카소 원문을 발견하게 해준 마리-로르 베르나닥, 정확한 지적을 해준 파브리스 플라우데, 신중하게 여러 번 읽어준 뮤리엘 카농에게도 고마운 마음을 전합니다. 마지막으로 곁에서 늘 아낌없이 성원을 보내준 바스티엥 슈에르에게 감사를 드립니다.

A. M.

아델과 헥토르에게

서문

앙드룰라 미카엘

"사람들이 그러더구나. 네가 글을 쓴다고 말이다. 나는 네가 뭐든 할 수 있다고 믿는단다. 어느 날 네가 미사를 올렸다는 이야기를 듣는다 해도, 난 그 말을 믿어 의심치 않을 게다."[1] 피카소는 1935년, 쉰 넷의 적지 않은 나이에 글을 쓰기 시작했다. 그 무렵 그는 예술적으로 위태로운 시기를 보냈고 사생활에서도 어려움을 겪었다. 아내 올가와 결별하면서 그녀와 함께 했던 화려한 생활을 접고 새로운 인생을 시작했고 그림을 거의 그리지 않았으며 작업의뢰도 받지 않았다. 절친한 친구 사바르테스의 말을 빌면 "그는 그림이고 조각이고 판화고 시고 모두 버리고 노래에만 전념할 준비가 되어 있었다."[2] 그러나 정작 피카소의 마음을 사로잡았던 것은 글쓰기였다. 그가 썼던 글은 평론도, 소설도, 자서전도 아닌 바로 시였다. 대단한 열정으로

---

[1] 피카소의 어머니가 한 말.
[2] 제이미 사바르테스 : 피카소의 친구이자 비서. 피카소의 원고를 타이핑한 사람이 바로 그이다.

시 쓰기에 전념했던 그는 1935년에서 1936년까지 거의 매일 시를 썼고 오늘날까지 피카소가 마지막 시 작품을 남긴 것으로 세간에 알려진 1959년에 이르기까지 몇 번 펜을 놓았을 뿐 꾸준하게 시 쓰기를 계속했다. 1959년에 남긴 글이 정말로 최후의 글인지에 대해서는 의문의 여지가 있다. 언제 어딘가에서 다른 원고가 발견되지 않으리라고 장담할 수는 없기 때문이다. 피카소가 남긴 350편이 넘는 시와 세 편의 희극은 일정한 범주로 분류할 수가 없다.3) 상당수의 작품들을 개인들이 소장하고 있는데, 그 글들은 피카소 자신이 모든 한계를 부인했을 뿐 아니라 전통이라는 명목의 엄격한 규칙들을 거부했기 때문이다. 피카소는 언어라는 새로운 재료를 다양한 방식으로 실험해 보았다. 글을 쓰는 과정에서 모든 것을 새로 발견했던 것이다.

그러나 시인으로서의 피카소를 어떻게 받아들여야 할까? 그가 남긴 시 역시 그의 그림만큼이나 중요한 의미를 가지고 있을까? 피카소와 동시대를 살았던 사람들 중에는 그의 작품에 찬사를 보내는 이들도 있었고 탐탁찮은 반응을 보이는 이들도 있었다. 그러나 그들은 피카소가 쓴 작품들의 극히 일부를 보았을 뿐이고, 그동안 진가를 인정받지 못한 와중에 계속된 그의 글쓰기 작업은 1989년 그의 거의 전 작품이 갈리마르 출판사에서 출간되고 나서야 제대로 된 평가를 받을 수 있었다.4) 그 이후로, 우리는 피카소의 작품들이 각각의 시들이 어떤 상황에서 만들어졌는지를 분석하는 전기적인 비평이 아닌 자

---

3) 피카소가 남긴 원고 대부분은 파리의 피카소 박물관 문서보관소에 소장되어 있다.
4) 『피카소 문집』, 마리-로르 베르나닥, 크리스틴 피오 공저, 갈리마르 출판사, 파리, 1989년. 다양한 매체에 수록된 여러 가지 작품에 대한 묘사와 시인 피카소의 전기, 참고문헌 등이 수록되어 있다.

율적인 방법으로 이해되어야 한다는 사실을 인정하게 되었다. 물론 그의 작품들은 하나하나 깊이 연구해보아야 할 필요가 있다. 놀라우리만치 다양한 피카소의 시들은 그의 미술작품들과 마찬가지로 피상적으로 읽어서는 난해하기만 할 수 있기 때문이다.

피카소는 스페인어와 프랑스어로 시를 썼고 때로는 두 가지 언어를 섞은 시를 창작하는 과정에서 그 두 언어가 주는 고유한 특성과 서로 다른 느낌을 실험했다. 장시長詩는 스페인어로 쓰인 것이 많고 상당한 양의 시에 이용된 프랑스어는 훌륭한 실험언어로 사용되었다. 스페인어로 몇 편의 시를 쓴 이후 처음으로 쓴 프랑스어 작품에는 번역에 관한 그의 성찰이 나타나 있다. "만일 내가 어떤 언어로 생각을 하다가 쓰게 된 '개가 숲 속에서 산토끼를 쫓고 있다'라는 문장을 다른 언어로 옮겨야 한다면 '모래 속에 네 다리를 단단히 박은 흰 나무 테이블이 자신이 너무나도 어리석다는 사실을 알게 되자 두려움을 못 이겨 빈사상태에 빠졌다.'라고 표현할 수밖에 없다.(1935년 10월 28일)" 한 언어를 다른 언어로 옮겨 쓰는 작업은 한 문장을 완전히 다시 쓰는 작업이기 때문에 원래의 언어가 심상에 작용하는 무게를 생생하게 옮기고 싶다면 형태뿐 아니라 내용까지도 완전히 바꾸어야 한다는 것이 그의 생각이었다. 프랑스어로 쓴 시들을 모은 시집에 소개된 이런 설명을 토대로 우리는 피카소의 글쓰기 작업에 대한 직접적인 이해를 할 수 있을 뿐 아니라 단어들이 전달하는 다양한 의미에 대한 그의 관심을 엿볼 수 있다. "블루에 대하여 : 블루가 의미하는 바는 무엇일까? 블루라는 단어를 들을 때 떠오르는 느낌은 수천 가지이다. 골로와즈 담뱃갑의 블루…… 이 경우의 블루는 누군가의 눈이 골로와즈 담뱃갑의 색깔처럼 파랗다고 표현할 수 있는 색깔의 개념이다. 반대로 파리에서는 덜 익힌 스테이크를 보고 블루라고 한다. 붉은 색을 푸르다고 표현하는 것이다. 내가 시를 쓸 때 자주 시도하는 것이 바로 이런 것이다."5)

시인 피카소는 화가 피카소와 마찬가지로 한 가지 방법만을 고수하는 식으로 스스로의 한계를 정하지 않았다. 그의 시 작품 중에는 뒷손질이나 보완 없이 단숨에 써내려간 시들이 많다. 그림에서도 그렇지만, 흐르는 듯한 그의 장시長詩 안에는 여러 가지 '사물'이 뒤섞여 있다. "나는 그림 안에 내가 원하는 모든 것들을 집어넣는다. 사물들에게는 미안한 일이지만, 자기들끼리 자리를 잡는 수밖에 도리가 없다." 구두점을 찍을 겨를도 없이 연결에 연결을 거듭하는 그의 비정형적인 시들을 읽다보면 호흡과 일치하는 리듬이 생겨나고 어려운 인용구가 들어갈 때에야 겨우 쉴 틈이 생긴다. "강가에서 자두나무 가지를 휘두르며(…)그늘이 드리운 수돗간 위에 쌓인 감자 껍질 위에 앉아 있는 두 마리 바퀴벌레를 약올리는 아이의 모습을 본떠 밀랍 모양의 깃털 침대 위에 펼쳐놓은 내복 위에 흩어진 모래 알갱이 안에 박힌 이 오후의 소리 없는 빗방울이 남긴 정확한 이미지……" (1938년 2월 12일)

물론 피카소의 작품 중에는 여러 행과 연으로 구성되었거나 산문의 삽입으로 분절이 시도된 시 작품들도 있다. 구성과 울림, 그리고 각운에 대해 고민한 흔적은 그가 보다 고전적인 시 작업을 하려고 노력했다는 사실을 알려준다. "밤/샘 안에서/색깔의/창자에서/뽑아낸/꿈이/허공에 발길질을 하며/입을 비죽인다……" (1935년 12월 30일)

---

5) 로랑 팡로즈 저, 『피카소』, 플라마리옹 출판사, 1982년, p. 488.

의미에 상관없이 언어가 만들어내는 멜로디에만 치중한 작품들도 눈에 띈다. "낙엽은 별 색깔의 마늘을 비웃는다/ 색깔로 깊게 찌르는 단검의 분홍빛을 비웃는다/ 낙엽에 싸인 별의 마늘/ 떨어지는 별의 냄새가 분홍빛 단검을 보며 짓궂은 표정으로 웃는다/ 낙엽에 싸인/ 날개 달린 마늘"(1936년 6월 15일)

언어유희에 대한 피카소의 취향은 '변주시'라고 지칭할 수 있는 방대한 숫자의 시 안에 잘 나타나 있다. 형태와 색깔로 다양한 실험을 했던 회화작업과 마찬가지로 특이한 양식으로 여러 차례 되풀이된 단어와 문장을 조합하는 유희에 몰두한 그는 같은 단어와 문장들을 여러 가지로 다양하게 배치하는 노력을 기울였다. "그것은 씨앗의 초록색 마시고 싶은 바다 웃음 비단향꽃무우 조개껍질 잠두콩 창유리 검둥이 침묵 석반 화관 모과 어릿광대/ 그것은 바다에 웃음 조개껍질 마시고 싶은 비단향꽃무우 색 씨앗 검둥이 잠두콩 창유리 침묵 석반 초록 어릿광대 화관······"(1936년 4월 9일) 말라르메에 대한 발레리의 평가를 피카소에게도 적용해 볼 수 있겠다. "그는(······) 세상의 모든 단어들을 어떤 방식으로든 조합할 수 있다는 원리에 입각한 아주 오래된 시적 본능에 충실했다."[6] 상상할 수 있는 모든 배치가 시도되었던 피카소의 작품 중에는 조형적인 조합방법이 적용된 시들이 있다. 그는 불규칙하게 변화된 여러 가지 요소들과 단어, 숫자, 음표, 특이한 용어들을 한데 묶어 시의 시각적인 감각에 호소하는 콜라주 작품을 완성해냈다. 이런 시들을 큰 소리로 낭독하다 보면 읽는 사람은 어느새 길을 잃고 헤매게 된다. "도 3 레 1 미 0 파 2 솔 8

---

[6] 폴 발레리, "스테판 말라르메에 관한 시론", 『평론집』, II권, 1894-1914. 엥테그랄 간행, 갈리마르 출판사, 〈NRF〉 총서, 파리, 1988년, p. 278.

라 3 시 7 도 3/ 도 22 시 9 라 12 솔 5 파 30 미 6 레 11 1/2 도 1/(……) 손에는 빛이 허락한 그림자가 딸려 있고 침묵의 잠 속으로 빠져들어 간다 숫자 2-5-10-15021-2-75의 합계와 맹수의 발톱에 휩쓸려 나부끼는 스카프 영원으로 열린 하늘 블라우스 무늬와 같은 줄이 간 푸름에 취해 자유롭게 펼쳐진 날개의 깃털" (1936년 5월 3일)

피카소의 시에서 또 하나 눈여겨보아야 할 점은 바로 중첩의 효과이다. 우선 첫 운을 떼고 몇 가지 단어와 문장을 추가한 다음 그것들을 정리하여 다시 시구를 만들어내고 새로운 추가요소들을 덧붙여 반복을 한다. 그는 반복되는 각각의 후렴구(하나의 시에 후렴구가 열여덟 번 반복된 경우도 있다[7])에서 앞부분의 체계를 무너뜨리고 새로운 요소들을 추가하여 일련의 의미를 소멸시키는 텍스트를 만들어 냈다. 그 결과 리좀(rhizomatique, 들뢰즈와 가타리가 제시한 개념으로 여러 개로 분열되는 식물의 뿌리처럼 이질적인 사유가 고정된 체계나 구조에 얽매이지 않고 우발적이고도 자유롭게 전개되어 가는 사고의 형태를 의미한다―옮긴이)적인 시, 다시 말해 여러 갈래로 갈라지는 길을 걷는 듯한 심상의 시가 탄생하였다. 그러나 피카소는 자신의 시에 대해 고민하지 않았다. 오히려 아무렇게나 쓴 것처럼 보이는 글쓰기를 옹호하는 발언을 했다. "아무렇게나 쓰는 것은 결코 쉬운 일이 아니다! (……) 그런 글을 쓰기 위해서는 의미론에 대한 완벽한 이해가 전제되어야 한다."[8] 피카소에게 언어란 "스스로가 만들어낸 멍에를 벗어나게 하는 어떤 망상"이었으며 문장 구성에 의해 규정된 전후연결성을 파기하는 수단이었다. 오류가 있어도 상관 없었다. 피카소는 그런 오류를 절대

---

7) 1935년 11월 24-28일, 12월 5, 6, 24일에 스페인어로 쓴 시를 말한다.
8) 피카소, 『예술에 대한 소고』, 마리-로르 베르나닥과 앙드룰라 미카엘 간행, 갈리마르 출판사, 파리, 1998년, p. 130.

고치려 하지 않았다. "자네가 틀렸다고 주장하는 구문들은 나와는 관계없는 법칙을 근거로 한 것이네. 내가 그런 구문들을 고치기 시작한다면, 나의 고유한 어조는 내가 절대로 동의할 수 없는 문법 속에서 빛을 잃게 될 걸세. 나의 단어들을 내 것이 아닌 법칙 속에 우겨넣기보다는 나만의 상상력을 발휘하고 싶다네."[9] 1937년 7월 5일자 시를 보면, 처음 구절에 다양한 요소들을 연속적으로 추가함으로써 생겨난 변화와 분절의 효과를 이해할 수 있다. 마치 무엇인가가 "안쪽에서 서서히 부풀어 오르는" 듯한 느낌이다.

"욕망의 교태를 부리는 어떤 귀여운 슈크림……"

여기에 다른 요소들이 추가되어 다음과 같은 구절이 탄생한다.

"성벽 위의 병사들에게 귀여운 슈크림을 먹지 말라는 명령이 떨어지자 지루해진 그들은 두 발을 모으고 혹시나 적들이 나타나지 않을까 혹시나 나팔수들이(…)욕망으로 교태를 부리는 소리를 내지 않을까 목둘레에 천 개의 단추를 엮어 건 원숭이의 똥으로 뒤발을 한 썩은 내가 진동하는 사제의 제의 같은 깃발의 이 빠진 입의 화살의 눈 속의 마늘과 양파와 토마토 냄새 속으로 뛰어들며……"

최종적으로는 다음과 같은 마지막 단계로 마무리짓는다.

---

[9] 제이미 사바르테스, 『피카소』, 루이 카레와 막시밀리엥 복스, 파리, 1946년, p. 127. 이 책에서는 피카소의 문장구성과 구두점 생략을 존중해 원문 그대로 실었다.

"한밤중에 손바닥 위에 성벽 위에 서 있는 병사들에게 선체와 화물을 송두리째 빼앗긴 해적들의 기름진 수프와 귀여운 슈크림에서 눈을 떼지 말라는 명령이 내려지자 지루해진 그들은 혹시나 적들이 나타나지 않을까 혹시나 나팔수들이 욕망의 교태를 부리는 소리를 내지 않을까 수탉의 노래 두 발을 모으고 천 개의 단추를 엮어 건 원숭이의 똥으로 뒤발을 한 썩은 내를 풍기는 사제의 제의 같은 깃발의 이 빠진 입의 화살의 눈의 양파와 토마토를 곁들여 튀긴 마늘의 장미 향기 속으로 뛰어들어……"

또한 "나의 즐거운 숙녀가 무미건조하게 웃는다(ma lady gai rit sable)/ 치유될 수 있는 병(maladie guérisable)"(1936년 3월 24일)과 같이 수수께끼처럼 구성된 시들도 더러 눈에 띄며, 1936년 4월 29일에 쓴 시처럼 색깔을 지칭하는 단어들을 반복하여 언어의 유희를 즐긴 시들도 있다. 피카소는 한계가 없었다. 충동적으로 시를 썼으나 그렇다고 해서 자동기술법으로 써내려간 것은 아니었다. 그는 자신이 작업하고 있는 부분을 확실하게 인식하며 글쓰기를 진행해 나갔고 언어를 다루는 데에 있어서 크나큰 자유를 누렸다. 그의 작품은 너무나도 특별해서 그것이 그의 창작임을 표시하기 위해 '피카소'라는 서명을 하지 않아도 될 정도였다. 미셸 레리스는 이렇게 말했다. "피카소는 엄밀히 말해 문학의 지도에서 (……) 제임스 조이스에 필적할 만하다. 조이스는 『피네간의 경야(Finnegans Wake)』를 집필하며 언어를 스스로를 잡아먹는 현실적인 그 무엇으로 살려내었으며 그 언어를 현기증이 날 정도로 자유롭게 사용하였다."[10]

피카소는 자신의 총괄성 안에서 구상해내는 예술 속의 모든 장벽을 거부한다. "단어로 그림을 쓸 수 있고 시에 느낌을 그려 낼 수도 있으니 어쨌거나 모든 예술은 하나다."11) 피카소가 생각하기에 창작을 어떤 틀에 끼워 맞춘다는 것은 있을 수 없는 일이었다. 또한 그는 작가라는 자신의 위치에 대한 양면적인 감정 속에서 갈등했다. 갈리마르 출판사에서 시집을 출간한 것을 자랑스럽게 여기면서도 시인으로서 재능을 인정받았다는 사실에 대해 냉소적인 태도를 보였다. "남들이 마치 내가 진짜 작가라도 된 것처럼 진지하게 대해 준다는 사실이 우스울 따름이다.(……) 그래도 사람들이 나를 다른 작가들과 같은 진짜 작가라고 믿어주면 좋겠다."12)

화가로서의 피카소 역시 화가라는 단순한 범주를 벗어나 있다. "화가라는 틀은 내게 너무 작다. 그러나 사람들은 나를 그저 화가로 알아줄 뿐이다. 안타깝지만 어쩌겠는가."13)

화가 피카소는 조형적인 글쓰기를 통해 그의 시 작품에 투영되어 있다. 즉 페이지의 구성이나 소재, 매체의 선택에 화가적인 특성이 고스란히 드러나 있다는 말이다. 갑자기 떠오른 시상을 기록하기 위해 그는 매체란 매체는 닥치는 대로 이용했다. 급한 대로 신문 한 귀퉁이나 봉투, 메모지 등에 기록을 했다가 그림을 그릴 때 사용하는 아쉬(Arche)지와 같은 고급 종이에 먹물로 옮겨 적는 경우가 많았다. 시에 그림을 곁들인 경우는 거의 없었지만 '뜨개질'을 하듯 글자 하

---

10) 미쉘 레리스, "작가 피카소 혹은 돌쩌귀에서 벗어난 시", 서문, 『피카소 문집』, op. cit.
11) 로랑 팡로즈가 기록한 피카소의 말, 『피카소』, op. cit.
12) 로베르토 오테로, 『스페인에서 멀리, 피카소와의 면담』, 도페사 출간, 바르셀로나, 1975년, p. 181-182, 스페인어 번역 크리스틴 드 몽클로, 피카소, 『예술에 대한 소고』, op. cit., p. 147.
13) 위의 책, p. 198. 피카소, 『예술에 대한 소고』, op. cit., p. 145.

나하나를 적고 휘갈겨 그림을 그려놓은 듯한 흥미로운 작품이 몇 개 남아 있기는 하다. 썼다가 지운 초고다운 초고에서부터 가지런히 정성껏 작업한 원고, 혹은 정반대로 여러 갈래로 나누어진 미로 같은 원고에 이르기까지, 먹물이나 색연필[14]로 쓰인 그의 원고들은 읽는 즐거움에 보는 즐거움을 더해준다. 피카소는 텍스트의 공간성을 강조한 말라르메의 영향을 받아 텍스트의 각 페이지들을 시각적으로 구성하였다. 초고에 적은 시를 일렬로 베껴 쓰는 작업은 읽는 이의 감정을 자극할 수 있었을 뿐 아니라, 작가 자신에게도 크나큰 쾌락을 안겨주었다.

피카소의 화가적인 면모는 그가 선택한 주제에서도 어김없이 드러났다. 그의 시 어디에서나 그림과 관련된 어휘가 끊임없이 등장한다. 팔레트, 붓, 조각, 그림자, 빛. 그리고 무엇보다 색깔에 관한 언급을 많이 찾아볼 수 있다. "푸른 허공의 소멸하는 향기를 바라보며 장미를 만지면 터지는 웃음이 애절한 마음을 사로잡는 초록의 소리 위에 느껴지는 노랑의 맛"(1936년 5월 18일). 뿐만 아니라 피카소의 작품 속에 등장하는 모든 기하학적인 형태는 캔버스의 형태인 직사각형으로 귀결된다. "캔버스는 심장에 박힌/ 올이 성긴 어망/ 빛을 발하는 거품들은/ 눈을 통해 목구멍에 걸리고/ 재촉하는 채찍질에/ 그의 사각형 욕망의 주위에서/ 퍼덕이는 날개"(1936년 1월 4일). 그림과 같은 특성이 반영된 피카소의 시에 등장하는 사물들은 특이하게도 물이 섞이거나 기름이 섞이거나 크림 상태를 하고 있는 것이 많다. "크림 같은 밤"(1940년 8월 10일), "시럽으로 속을 채운 철제 침대"(1940년 11월 7일), "별 주스"(1940년 7월 21일).

---

14) 희곡 〈네 명의 소녀들〉은 약간의 푸른기가 도는 빨간색연필로 씌어졌다.

그림과 마찬가지로 글의 주제 역시 스페인과 깊이 연관되어 있다. 투우, 민속춤과 민요, 토속음식과 요리, 전쟁 등이 다루어져 있다. 또한 프랑코 정권의 독재에 대한 공포가 "못 수프", "소스를 뿌려 익힌 강철 채소", "대구 셔벗" 등 먹을 수 없는 음식을 통해 간접적으로 표현되어 있기도 하다. 어린 시절의 추억, 글을 쓰는 중에 받은 느낌을 포함한 실제로 경험한 느낌, 상상이나 그림 속의 세계 외에 현실적으로 존재하는 사물들, 사랑, 인생, 노화, 죽음이라는 주제들 역시 그의 펜 끝에서 끊임없이 다루어졌다. 그러나 피카소의 시 작품 주제의 근간을 이루는 것은 역시 그림보다는 시로 표현하기가 수월했던 흘러가는 시간이다. 모든 시에는 제목 역할을 하는 상세한 날짜가 표기되어 있고 그 날짜가 시 안에서도 반복되며 시를 쓴 정확한 시간까지 적혀 있는 경우가 많다. 예를 들면 "올해 5월 5일 목요일 일곱 시 오 분 전"(1936년 5월 5일) 같은 식이다. 며칠에 걸쳐 완성한 시 작품들에는 각각의 날짜를 표기해두었다. 그렇기 때문에 어떤 작품의 창작 과정 전체를 마치 시간 속의 경험처럼 따라가 볼 수 있는 것이다.[15] 피카소는 보다 직접적인 현실에 뿌리를 내림으로써 오히려 현실의 시간을 이겨냈다. 그는 현재의 순간을 확장하여 시간의 모든 차원을 포함했다. 달력에 기록된 시간을 폐기하고 그것을 영원한 시간으로 거듭나게 했던 것이다. "바닥에 추락한 충격으로 산산조각난

---

15) 피카소가 자신의 그림에 대하여 한 말을 그의 시에도 역시 적용할 수 있을 것이다 : "나는 예술 작품을 한다는 생각으로 그림을 그려본 적이 없다. 그림을 그리는 과정은 끊임없는 탐구의 과정이며 모든 탐구에는 논리적인 맥락이 있다. 내가 그림에 번호를 붙이는 것은 바로 그 때문이다. 그것은 시간 속의 경험이다. 나는 그림에 번호를 붙이고 날짜를 써 넣는다." 알렉산더 리베르만, 「피카소」, 《보그》, 뉴욕, 11월 I, 1956년, p. 133.

시간"(1936년 5월 8일)은 "한 방울 한 방울" "우물 속으로 떨어져 영원히 잠든다."(1935년 8월 9일)

피카소에게 글쓰기는 임시로 가져본 직업이나 취미가 아니라 열정을 다 바친 하나의 활동이었다. 그의 글은 피카소 작품 전체의 일부로 보아야 한다. 다른 작품들과 별개로 보아서는 안 된다는 의미이다. 그의 시를 그림과 비교한다거나 정확한 평가를 내려 보겠다는 의도로 피카소라는 이름을 배제한 채 작품을 읽고자 하는 시도는 무의미한 일이다. 1960년대의 어느 날, 피카소는 친구 로베르토 오테로에게 이런 고백을 했다. "결국, 나는 비뚤어진 시인이야. 자네는 그렇게 생각하지 않나?"[16]

---

16) 로베르토 오테로, op. cit., pp. 181-182, in 피카소, 『예술에 대한 소고』, op. cit., p. 147.

1935년 10월 28일

만일 내가 어떤 언어로 생각을 하다가 쓰게 된 '개가 숲 속에서 산토끼를 쫓고 있다'라는 문장을 다른 언어로 옮겨야 한다면 '모래 속에 네 다리를 단단히 박은 흰 나무 테이블이 자신이 너무나도 [어리석다는 사실을 알게 되자 두려움을 못 이겨 빈사상태에 빠졌다'라고 표현할 수밖에 없다.

1935년 10월 31일

신방 안 창가에 조심스럽게 놓인 야채 바구니와 청소용 세제 병과 파슬리 줄기 빵을 잘게 뜯는 손 옷을 벗으며 무덤에서 파낸 투우 포스터의 네 귀퉁이를 손으로 고정시키며 입술을 말아 올리며 매일 밤 어둠이 내리면 그녀가 엉덩이를 흔드는 걸 보고 싶다는 생각밖에는 하지 않는다는 속마음을 드러내는 오렌지 색깔의 의견에도 불구하고 알려지고 싶지 않은 부엌 구석구석에서 들리는 비명과 개 짖는 소리 사이에서 제 갈 길을 가는 밤의 이빨에 조금씩 물려 죽어가는 사물들에 매달린 색채를 지우는 불길 같은 붓질에 한 방울 눈물은 입술을 데고 2에 2를 곱하면 아무 말 하기 싫어지고 더 이상 설거지를 할 마음도 들지 않으니 미소를 지으면 잠든 새 저도 모르게 내뱉은 말이 눈처럼 내리고 기름에 튀겨진다 저항할 수 없는 죄수복 푸른 옷을 입은 파리지엔느가 가스등을 밝히고 하얀 테이블 구석에 앉아 기타 등등 설명을 하는 보금자리 아무 생각 없이 발길질을 하는 붉은 독재자는 불안에 떨며 수줍은 표정을 짓지만 손으로 목덜미를 감추며 아무도 신경 쓰지 않고 연어는 카네이션에게 제 의사를 강요하며 제 젖가슴 주위에 돋보이는 저 유명한 라일락빛 몇 달 전부터 햇빛에 둥지를 튼 수많은 사물들 중에 손가락을 감추는 와이셔츠의 흰빛 이토록 섬

세하게 빛을 반사하는[1] 복도 맞은편 창문의 네모난 창유리들 그러나 이 모든 것에도 불구하고 행복은 나에게 파 냄새와 약간의 꽃양배추 냄새를 준다 그 냄새는 그녀의 옷 주름 사이사이와 의자 다리 밑에 남아 있다 작은 빵들을 쌓아올린 불안정한 발판을 딛고 조금씩 올라가는 것보다는 애무하는 시선을 참아내는 것이 더 낫지 않을까 눈물에 흠뻑 젖은 i 자처럼 생긴 손가락들 땅에 남아 있는 모든 문학의 자취를 따라가면 머나먼 샘에 닿아 구멍구멍마다 플루트의 노래가 솟아오르고 살아 있으나 잠들어버린 말이 테이블 위에 누워 있으니 술잔에 공기가 넘쳐흐르는 소리밖에는 아무 소리도 들리지 않아 그의 명령과 그의 실력 한 마디 말로 그들을 깨울 수 있으련만 문 뒤에 그를 속박하는 언약으로 옭아맨 수탉의 노래 그 날개 그 넓적다리 그 꽁무니 미녀들의 사랑 그러나 이 모든 것에도 불구하고 이건 그리 슬프지가 않아 나는 이 이야기가 차라리 우습게 느껴진다 이 순간 나를 우울하게 하는 단 한 가지는 그녀와 함께 있지 않다는 사실이다 그녀에게 나가자고 오늘 아침처럼 정원을 거닐고 치즈와 빵을 사러 가자고 그리고 커다란 나무 앞에 있는 그 벤치에 앉아 그것을 먹자고 말할 수도 없다는 사실이다

---

1) 원고에 동사의 단수로 표기

1935년 11월 3일

일요일은—뛰어 달아나는—그의 모든 용기를 짓밟고 맹렬하게 식탁보 끝자락을 물어뜯고—계단 안쪽에 아직도 남아 있는 약간의 햇살이—달구어 놓은 귀에 휘파람을 분다—울지도 못하고—웃지도 눈물을 흘리지도 못하고—방안을 가득 채운 냄새의 실루엣을 드러내지도 못하고—그저 마흔 여섯 조각으로 접기만 할 뿐—춤추고 노래하고픈—정오의—태양 아래 벌거벗고 수영하고픈—우레 같은 소리를 내며 경쾌하게 말을 타고 달리고픈—희망을 버릴 수는 없다—그와 동시에 자리에 앉아—식탁 가장자리로 한쪽 팔꿈치가 다른 팔꿈치보다 약간 더 빠져나온 자세로—수첩에 글을 적고픈—왼손으로는 이미 글이 적힌 페이지를 붙잡고 다른 손은 백지 위에 놓은 채—내가 힘주어 누르는—여기 연필 끝—벼룩에 물린 자리를 자극하는 꽃줄은—내게 시간이 흐르고 있음을 알리고—글을 읽는 척하면서—딴 생각만 하고 있다—나를 무시하고 지들끼리 놀리는 게지—오늘 저녁 5시 10분 전—모든 가구들 위에 조심스럽게 놓인—나는 한 장의 베일—이 의자에서 저 의자로 옮겨 다니며—그들을 안고 눈물을 닦아주고 부드럽고 다정한 말을 건네다가 식탁에 발을 드리우고 차려 놓은 음식을 핥는다—그러나 자명종 리듬에 맞추어 그의 오만이 불

밝힌 램프는—시간이—아직 조금 남은 순간에만—사랑을 할 뿐—그리고 창문 아래에서 빙글빙글 돌며—그의 어깨 위에 앉는다—빛이 의도한 모든 효과를 노려 벌거벗은—그의 몸을 묘사하는—자유분방한 방식은—옆모습에 드리운 그림자를 그리려는—날카로운 눈빛을 더 이상 견뎌낼 수 없기 때문이네—월화향[2])이 시들고—[3]) 가지에 붙은 나뭇잎이 말라버린—화병 밑바닥의 물에 보이는—원 모양을 불태우고자—각도의—위치를 바꾸려는—그의 권위적인 욕망이 섞인 날숨의 희생양—너무나도 불행한—꼭 움켜쥔 작은 주먹들은—보라색이로구나 그 이야기는 하지 말기로 하자—가난한 자들은 모든 것을 내주고 비참해졌으므로—부엌에서 말을 타고 온—냄새는—그들의 마구 구겨진 옷—어떻게 해서든 그 옷에 난 구멍을 감추어보려 애쓰는—극심한 고통을 더할 뿐이네—그러나 이 시간 말하지 말아야 할 것은—내 가슴 속 진실한 도개교(옮긴이 : 성을 둘러싼 해자에 놓인 다리. 적이 침입하면 들어올려 방비함)를—감추기 위해—그리고 이 오후 내내 마치 하나의 깃발처럼 흔들기 위해—돌풍이 그것을 찢도록—매번 인생을 잃으면서도—셈을 치르지 않고—카드놀이를 할 수 있다는 사실—입장이 허락되지—않은 한—그의 비밀을 아무에게도 말하지 말라—아무도 이런 일에 관심이 없다는 것을 난 잘 알고 있지만—어쩌란 말인가요—난—난 즐거운 걸요—그리고 아주 솔직하게 말하자면 금지된 장난을 즐겨요—죽음까지도 가지고 놀지요 내가 그대의 것 바로 그대의 것이라는 사실에 정말 만족해요—내가 그토록 사랑하는—나의 애인이여

---

2) 원고에 Touvereuses 라 표기
3) 공백은 원고에서 휜 칸에 해당

1935년 11월 4일 [I] [II]

[I] 그날 저녁
　　마지막 손님이
　　가보 연주 홀의
　　음악회에서
　　나가는 것을 나는 보았네
　　아무도 없고
　　나는 같은 거리에 조금 떨어진 담배 가게에 성냥을 사러 갔네

[II] 너의 코르크 액자 속의 거울―바다 한가운데 파도 위에 던진―너는 오직 반짝임만 볼 뿐―하늘―그리고 구름들―네 열린 입은―태양을 삼킬 준비가 되어 있고―그러나 스쳐 지나가는―네 시선 속에 단 한순간을 사는 새―눈이 멀어―물 속에 빠진 ―제 눈을 잃은 저 새를 보라―그런데 이 웬 웃음소리들인가―바로 이 순간에―그것들은 파도가 되어갈 뿐

1935년 11월 5일

그러나 염산은 군중의 노한 시선을 무시하는 아몬드 등에 난 상처들을 헤아리지 않고 손에 든 돈 주머니에서 꺼낸 거울 앞에서 스스로를 더 잘 비웃기 위해 일관된 주장을 하지 않고 적에게 돈을 돌려주고 펄펄 뛰는 잉어 주위의 긴 여행 버터는 프라이팬 안에서 박수갈채를 보내고 일부가 잘려나간 그리고 포스터로 덮인 탑으로 가는 길을 안다 어떤 경우에도 비명을 지르지 않고 울지도 않고 언제나 다정하고 부드러운 말이 입술에 남아 있으나 한 마디도 하지 않은 채 하늘을 바라보며 그것을 가슴에 보듬고 애무할 뿐 노랫가락에 늘어뜨린 팔을 맡긴 채 침대에 누워 빗방울을 부수며 이 세상에서 유일하게 제 이름도 제가 지은 죄도 모르고 도망다니는 파리를 따라가기 위해 서로 입 맞추고 외마디 비명을 내지르고 커튼을 걷고 시간을 씹어 먹고 부서진 계단을 수학적으로 파괴하리라 기이하리만치 위험한 자세를 취하고 있는 기둥은 자리를 바꿀 수 없으리라 그의 손은 창문가에 손자국을 남기고 너무나도 거슬리는 죽어가는 숲의 냄새 오늘 저녁에는 그가 오겠지만 이 시간 덧창을 두드리는 즐거움을 바꾸지는 못하리라 들어와 침대 곁에 앉아 어깨 너머로 태양빛에 미소 지으며 장미나무에 붙어 있는 장미만큼이나 더할 나위 없이 상큼한 진실하고도 섬세한 사랑 이야기

1935년 11월 7일

의자가 평소처럼 그렇게 친근하게 다가와 내 어깨를 두드려주지 않는 한 부엌 식탁이 내 품 안에 몸을 웅크리지 않는 한 주전자가 내 입술 위에 키스하지 않는 한 그리고 미소지으며 웃으며 내가 겨우 이해하는 천 가지 이야기를 귀에 속삭여주지 않는 한 수건과 행주가 창문으로 들어오는 얼마 안 되는 햇빛을 차단하는 빨랫줄에 머리를 박으며 박수치기 시작하지 않는 한 아무것도 장식하지[4] 않는 여러 가지 색깔의 수많은 리본들이 구석에 잠든 접시 위에서 춤추는 것을 보면서도 잔뜩 찌푸린 대리석의 뾰로통한 얼굴 비극으로 끝날 것이 분명함에도 불구하고 황소와 말이 나누는 천 가지 다른 방식의 끊임없이 반복되는 대화에 완두콩은 즐거워한다 나는 내가 가진 바늘들 중에서 가장 뾰족한 바늘을 들고 관중들 저마다의 시선 깊숙한 곳에서 그것을 뽑아내러 가야 하지만 그들이 편하게 즐기도록 내버려 두고 싶다 경주가 끝난 다음에나 줄을 끊어볼까 그들이 죽어 여기 저기 피를 흘리며 나귀에 질질 끌려갈 때가 되어서나 깨워볼까 나의 초상화를 자세히 들여다보지 않으며 백 가지 마법의 향유로 준비된 판이 나를

---

4) 원고에 Adornent 라 표기 (동사 adornar : 장식하다).

완전히 감싸며 가장 불쾌한 모든 놀라움에 대비한 나의 몸 가장 깊은 중심에 있는 내부기관은 당신을 가장 큰 행복으로 웃다가 죽게 만들 수 있다 황소의 눈에는 모든 것이 숫자로 설명되므로 그리고 황소의 호수 깊은 곳에는 냄새 외에는 아무것도 분명치 않으므로 노래한다 상처는 굽이치며 달려온 검의 공격을 수학적으로 말할 수 있다 더 슬픈 것은 망토 아래에 감추어 있던 열기가 탄식 속에 터져 나오는 것을 보는 것 공간과 시간으로 다 이루었다는 생각에도 불구하고 방울 방울 흩어지는 냄새를 맡으며 투우장 주위에 대문자로 새겨지는 고통을 보는 것 향기를 퍼뜨리며 서로 굴렁쇠를 굴리며 노는 아이들도 돌차기를 하는 어린 소녀들도 없는 정원 안에 모든 의지를 숨기며 말의 배에서 튀어나온 창자는 살인자의 피 묻은 손 안에서 터져 역한 냄새와 혐오스러움 경기 미사를 시작한다 모든 비명이 카네이션을 화병에 박아 넣는다 삼만 명 남녀의 타오르는 가슴에 한 끝을 잡아맨 줄에 매달린 그리고 십자가에 못 박힌 두 개의 이중 유리에 의해 분리된 네 조각으로 잘린 모든 입이 노래를 한다 구멍투성이의 깃발 하나를 계속 흔들기만 하며 이 순간은 뱃속을 뒤지는 모든 민족 공동체의 사랑에 대한 염원으로 유지된 열광적인 소매를 붙잡은 그의 주먹을 단단하게 만들고 그의 손을 찾는다 말발굽에 짓밟혀 황소의 생명과 함께 빠져나온 심장은 이미 나이의 한계에 다다른 날개 위에 올라타기로 예정된 이 오후의 끝을 동정하는 눈물을 흘리며 눈을 감는다—덧창을 부수며 뛰쳐나와 그의 귓가에 모든 종을 울리며 갈기갈기 찢기어 땅에 떨어진 흰 가죽 아래 활짝 핀 라일락 빛깔의 베일을 가져다준다 황소의 털에는 단총에 맞은 구멍 향을 넣은 아이스크림이 경기장에 퍼져 이미 본 적이 있는 그리고 그의 가슴 속에 간직된 가혹한 추위 음악이 그 침묵을 고조시키고 제단의 천개를 찢는 가죽 채찍의 비명을 더욱 두드러지게 한다 정어리 굽는 냄새는 그의 환상을 완전히 쫓지 못할 뿐 아니라 그의 손금의 진실을 난폭하게 설명하는 거짓말 옆에 앉아 있을 실질적인 시간을 갖게 해주지도 못한다 그것을 헤아려 기슭 아래 시궁창 속에 던진다 각자의 운명으로

1935년 11월 8일

거짓말도 말고 손을 들어 올리지도 말아야 하리 테이블이 일어서기 시작하여 너무 웃어 패배한 적에게 칼에 찔린 제 가슴을 보이는 엄숙하다기보다는 차라리 우스운 이 순간 말해야 할 것이 더 이상 없네 차가운 순무와 당근의 좋은 피가 섞인 그의 피로 싸구려 맥주를 놀랍도록 차갑게 식히네 양파의 너무나도 순한 눈물에 칼집을 빠져나와 되돌아갈 생각조차 못하고 기회를 엿보는 칼들의 모든 위험 앞에서 만족하고 이미 너무 피곤한 태양의 흑점에 눈이 멀어 코를 깨는 한 무리의 이성의 애원도 기도도 고려치 않네 눈부신 식탁보가 접시들의 파란색을 돋보이게 하는 걸음을 걸으며 노란색을 퍼뜨릴 때 수프를 끓이네 나무의 크고 잔가지의 초록에 빠지지 않네 면도날에 물린 상처를 핥는 개 시계 제조하는 사람에게 개집을 만들어 주기 위해 불 속에 이 순간 이미 한 이미지가 공중으로 냄비를 들어 올리고 파도의 물마루에 관한 그의 이야기를 쓰기 위해 아래로 흘러 퍼져나가는 신선한 물을 마시러 손 안에 들어 온 언어를 찾아낸 두 종류 라일락 빛깔의 비둘기 날개처럼 보이네

1935년 11월 12일

보라색 솔기의 베이지색 외투를 제대로 갖추어 입은 소녀 150 000—300—22—95 상팀(옮긴이 : 100분의 1프랑, 유로화가 되기 전 프랑스 화폐단위) 흰 담비 모피의 암시에 의해 다시 보고 수정된 마다폴람(옮긴이 : 인도의 마다폴람에서 나는 두꺼운 캘리코) 슬립 143—60—32 열린 브래지어 치즈(르브로숑)(옮긴이 : 사부와산의 치즈) 냄새가 나는 십자가 모양을 한 손도르래들에 의해 벌어지고 고정된 상처 가장자리들 1300—75—03—49—317 000—25 상팀 롤라 드 발랑스(옮긴이 : 에두아르 마네의 유화, 1862년, 오르세 박물관 소장, 화려한 스페인 고전의상을 입은 무희. 이 그림을 예찬한 보들레르의 4행시도 유명)풍의 고혹적인 색채의 죽음 같은 침묵에 의해 잠에서 깨어나 미세한 오한으로 피부 위에 달라붙은 이틀 간격으로 날짜에 추가된 서곡들 103 더하기 게슴츠레한 시선 310—313 더하기 3 000 000—80 프랑—15 상팀 서랍장 위에 잊혀진 흘낏 던진 시선을 위해—경기 도중에 받은 벌칙들—아무 이유 없이 보금자리를 만들게 되었고 어떤 경우에는 380—11 우승컵을 추리한 모습으로 변하기도 했던 사실의 연속으로 다리 사이로 원반던지기 더하기 비용

---

5) Adémique로 원문에 표기

그러나 이토록 틀에 박힌[5] 그림 오늘 아침 그 탄생으로부터 모든 이야기의 종류는 만일 출구를 가리키는 손가락을 밟아도 소리도 못 지르나 연대에 의해 형성된 냄새의 음료수 컵을 가지고 그의 꽃다발을 토해내고 그리고 만일 욕망의 쾌감이 정어리를 상어로 변형시키기 위하여 좋은 곳을 발견하지 못한다면 구입 목록은 토마토와 치즈로 뒤섞인 그 많은 과장법들 한가운데 앉아서 글을 쓸 수 있게 하기 위하여 점심시간에 테이블에 피치 못할 중단이 없는 한 이 순간부터 더 늘어나지 않을 줄의 맨 앞에 국기를 들고 종렬행진하면서

20 novembre XXXV.

Quelle rage vous roule si correctement à cheval sur sa haine sinon la fleur qui trotte sa langueur étendue par la barque qui glisse par ces veines et soudainement ouvre la fenêtre de sa joue et jette pour s'amuser dans la rue des graines aux parfums.

20 novembre XXXV.

Fleur plus douce que le miel M tu es mon feu de joie

1935년 11월 20일 [I] [II]

[I] 자신의 증오 위에 말을 타고 앉아 그렇게나 예의바르게 당신에게 인사를 건네는 이 피 끓는 분노여 아니면 혈관을 타고 흐르는 작은 배 위에 펼쳐진 자신의 우수를 불태우다가 불현듯 뺨으로 창문을 열고 향기로운 씨앗들을 길가에 뿌리는 꽃이여

[II] 꿀보다 더 달콤한 꽃 MT[6] 너는 나의 환희의 불꽃이다

---

6) MT는 마리-테레즈 월터를 지칭함

7 décembre XXXV.

l'aile ronde du plus petit aumône la couleur se contente
la main qui ronge ne jouons pas alors
la fleur qui crie je ne veux pas je ne veux pas
l'odeur désespérante ne voulez pas si vous
sa raison s'épouillant mais pas longtemps flotte
la lumière elle a sa cachette au soleil deux mètres de plus avec
je passe d'une tête le bord de la fenêtre est faux archifaux
mais si le courage leur manque la couleur se contente
                                                 je passe d'une tête
il est faux archifaux alors
avec deux mètres de plus si vous la lumière elle
flotte mais pas longtemps flotte sa raison s'épouillant
si vous ne voulez pas avec l'odeur désespérante
je ne veux pas il la fleur qui crie
alors ne jouons pas mais si le courage la main qui ronge
la couleur se contente du plus petit aumône
                l'aile ronde   je passe d'une tête

1935년 12월 9일

가장 작은 은혜의 동그란 날개 색깔은 잘근대는 손에 만족한다 그러니 비명을 지르는 꽃을 가지고 놀지 말자 나는 싫어 나는 절망적인 냄새가 싫어 만일 당신이 자기 몸의 이를 잡거나 빛이 잠시 번득이는 그녀의 이성을 싫어한다면 그녀는 햇빛에 머리 치수보다 높은 2미터 정도의 숨을 곳이 있다 창가는 아주 터무니없는 거짓 그러나 만일 그에게 용기가 없다면 색깔은 만족한다 그래서 그는 머리 치수보다 높은 2미터 정도의 아주 터무니없는 거짓이다 만일 당신이 빛을 만일 당신이 절망적인 냄새와 함께 빛이 번득이는 자기 몸의 이를 잡거나 빛이 잠시 번득이는 그녀의 이성을 싫어한다면 나는 싫어 그러니 비명을 지르는 꽃을 가지고 놀지 말자 그러나 용기가 잘근대는 손 색깔은 가장 작은 은혜가 동그란 날개의 키를 넘는 것에 만족한다

1935년 12월 14일 [II]

뜨거운 멜론의
아주 커다란 조각의 등 위에
나무 강의 한 자락
웃기는 테이블
그의 이빨 사이로 사라지는 것을
보는 쾌감을 위해 접는
날개의 위협 아래
자신의 권태를 잠시 잊은
풀잎
저 아래로 떨어진
자두나무의 어린 새싹 둘이
소녀의
눈물에 초조해져
이삼일 전부터 서로 포옹하다

1935년 12월 15일

칼날은 오늘 오후의 애수의 상처를 불태우고 뜨개질하는 여인은 물방울을 갈기갈기 찢는다―덫에 걸린 생쥐 냄새―벽시계에서 녹아내린 버터―바다―태양에 매인 다림추―하루의 목에 매달린―대지―멧비둘기빛 유혹을 일깨우고 부채 끝을 수천 갈래로 찢는다―불행하고 가련한 작은 종려나무가 테이블 한가운데에 드리운 그림자의 S.O.S.―친절한 꽃장수가 주는 부활절 보너스처럼 주다―그러나 만일 가장 작은 침묵이 시간이 끌고 다니는 베일에 찢긴 채 매일 조금씩 더 매달리더라도―그의 눈의 바늘에 묶인 금발로 이 입술들을 꿰매다

16 Décembre XXXV.

Rien que la couleur

l'abeille rouge son mord

Rien que l'odeur

l'oiseau trait sa pareille

Rien que de les voir, se tordre sur l'œil

l'amour fond le métal du rail de l'hirondelle

Rien qu'un cheveu

1935년 12월 16일 [I]

오로지 색채뿐
꿀벌은 재갈을 갉아먹고
오로지 냄새뿐
새는 자신의 꼬리깃을 짜고
오로지 그들이 베개 위에서 몸을 뒤트는 것을 볼 뿐
사랑은 제비의 레일 금속을 녹이고
오로지 머리칼뿐

1935년 12월 28일

물망초 호수 위에 자신의 간과 창자들을 질질 끌며 사라지는 오늘 오후에 말을 타고 앉아 아주 몽롱한 채 내 품속에서 간신히 몸을 지탱하면서 고막이 터지는 북소리에 접힌 이 두 날개들을 펼치다 불현듯 담배가 미친 여자처럼 내 손가락을 돌돌 휘감고 내 피까지 파고들 때 나는 산책한다

1935년 12월 30일

밤
샘 안에서

색깔의
창자에서
뽑아낸

꿈이
허공에 발길질을 하며
입을 비죽인다

기타 안에
숨겨져

색채의
노래에
도취한

밤의 환희

극장의
무대를
지탱하는
끈들을
잡아당기며

샹들리에의
물이
계단을 따라
흐르고
우산
까만 손은

파란 귀에
반향하고

달아나는
비눗방울이

동트는 새벽을
죄수로 데려간다

1936년 1월 4일

캔버스는 심장에 박힌
올이 성긴 어망
빛을 발하는 거품들은
눈을 통해 목구멍에 걸리고
재촉하는 채찍질에
그의 사각형 욕망의 주위에서
퍼덕이는 날개

1936년 2월 10—12일

1936년 2월 10일

I

빛을 관통하는 빛의 소리 위에 이 침묵의 피를 뽑는 색깔이 펼쳐진 그러한 시각에 만일 그의 머리카락의 밤에 울린 절규가 공중에 떠돌지 않는다면 그 소리를 적시는 파도로도 그것을 잠잠케 할 수 없고 북극의 오로라를 연장시키는 태풍으로 인한 상처의 보금자리에 놓여진 미소 목걸이를 만드는 작은 조각에 의해 찔려 어루만지는 그의 고통을 그의 날개로 진정시킬 수도 없고 전선들로 새벽을 손질하고 내 술잔 속에 그것을 던지다 그의 가슴을 울리며 드높이 비상하며 물에 빠지기 숨을 죽이는 거울에 걸린 산호 가지를 따내기

1936년 2월 12일

II

음반의 얇은 명주 망사를 통해 귀 뒤로 크리스털 조각을 핥고 그것을

흔들고 그토록 애무하는 듯한 그의 발톱들로 그것을 조이는 검은 태풍이 그것을 관통하는 빛으로 허술하게 물들여진 면적의 독선적 욕망 위에 잘 드리워진 흔들리는 반사광의 크리스털 조각

III
그의 크리스털의 빛나는 음반 주위에 빛의 따가움으로 살해된 유혹 그의 발톱들의 애무하는 듯한 분출이 술잔 바닥에 자기 욕망의 번득이는 칼날을 미끄러뜨리고 싹트는 음악 곡조의 씨앗을 깨문다

IV
만일 색채가 음반 곡조의 꿀벌 떼를 살해하는 원들의 주변에서 그의 찔린 자국들을 파먹는다면 방금 시작된 소나기로 부푼 기구가 그의 모습의 격렬한 향기를 갈래갈래 넓게 퍼진 빛 속에 떠돌게 한다

1936년 2월 29일

새의 주머니 거울의 자취를 품 안에 안기 위해 메두사의 뗏목이 바다로 나아간다
만일 마침내 사슬에서 벗어난 메두사의 뗏목이 어둠 속으로 돌진한다면 뱃머리는 주머니 거울의 자취에 충돌하리라
만일 몸에서 사슬을 벗겨낸 메두사의 뗏목이 갈가리 찢긴 파도의 손가락 끝에 걸린 채 둥둥 떠다닌다면 뱃머리는 주머니 거울에서 벗어난 날개의 자취가 남은 돌 위를 때리듯 어루만지리라
만일 몸에서 사슬을 벗겨낸 메두사의 뗏목이 갈가리 찢긴 파도의 손가락 끝에 걸린 채 둥둥 떠다니지 않는다면 뱃머리는 상처를 입고서도 사랑에 빠진 커다란 물소 뿔 끝에 앉아 노래를 하는 연약한 새의 떨어져 나온 날개로 움푹 팬 자취가 남은 돌 위를 때리듯 어루만지리라

1936년 3월 8일

종소리가 울리면 권태를 덮고 탐욕스러운 뱀장어 요리 그리고 갑자기 주행을 멈춘 로켓의 망원경에 매달린 눈물의 끝자락에 고추를 문지르고 정자에서 북을 두드리는 맑은 물이 담긴 유리컵을 두드리는 생쥐의 소리에 귀를 활짝 열고 날카로운 핀 머리로 봄밤을 밝혀야 하는 거의 절대적인 필요를 느끼며 손을 떨어뜨리고 3월 8일 쓸쓸한 이 새벽 덧창 안에서 안도의 숨을 쉰다 먼지떨이가 부르는 노래의 음조 망각의 깊은 끝에 던져진 역겨운 공 모양으로 동그랗게 뭉친 비밀의 모습을 발견하며 꽃 마침표의 냄새에 피리 부는 사나이

22 Mars XXXVI.
Miette de pain posée si gentiment par ses doigts
sur le bord du ciel autant fleur soupirant que
le coquillage enchaîné joueur de flûte, battant
des ailes à chaque goutte fleurit au printemps.
à l'acroc qui fait dans sa robe la fenêtre qui
se gonfle et remplit la ~~chambre~~ pièce
et l'emporte flottant au vent ses longs
cheveux

pot

scie

md lady

gai

rit   Sable

24 mars XXXVI.

1936년 3월 22일

봄에 실수로 번창하고 조금씩 날개를 파닥이며 플루트를 연주하는 갇힌 조개가 제 드레스에 스스로 부풀었다가 방을 가득 채우는 창문을 만들고 제 긴 머리칼을 바람에 휘날리며 그것을 가져오고 한숨짓도록 새파란 하늘 끝에 그의 손가락들로 그렇게나 얌전하게 진열한 **빵** 부스러기

1936년 3월 24일

항아리
톱
나의 즐거운
숙녀가
무미건조하게 웃는다

(*나의 즐거운 숙녀가 무미건조하게 웃는다ma lady gai rit sable를 프랑스식 발음으로 붙여 읽으면 maladie guérisable, 즉 치유할 수 있는 병이라는 의미가 된다. 피카소 특유의 언어유희 방식을 엿볼 수 있는 시구 : 옮긴이)

1936년 3월 26일 주앙-레-펭에서

고통의 비밀스런 가격의 날씬한 체류는 양파가 주인공이었던 추억의 약한 불 위에 천천히 익는다 만일 손이 과거를 읽고 또 읽은 후에 그의 눈에 한껏 내려친 채찍질에 손금이 떨어져나간다면

29 mars XXXVI.

centre de la roue de la roulette et le tout moulu
triture poussière écrasé dans le vert si les accroché
à la pointe du couteau de la palme pincé de nuage
rose-doré étalé par son doigt sur ~~~~ bleu
cloche orpheline des heures pendant sa main
au ~~~~ de l'aumône distrait

(caprice)

(l'œil)

1936년 3월 29일 주앙-레-펭에서

언어를 더럽히면서 성가시게 굴고 속박되고 해체된 노예의 꼴사나운 논리에 의하여 강요된 그들의 다른 배우의 대사를 받는 대사가 난무하는 무대 위를 휩쓸고 다니며 서로가 서로를 짓밟고 이 희극을 스스로 연기하는 비극의 월급쟁이 주인공들 만일 진정한 외침이 언어를 꽃피운다면 그리고 우리가 그의 손들의 날개들을 잠식하는 길들을 떼어놓는다면 당장 쏟아놓지 않은 말은 투명한 산호 가지 위에서 말라 간다 그리고 그들의 보금자리들 속에서 작은 무지개를 가리면서 북극의 새벽들의 유방 속 우유를 고갈시킨다 그의 갈색 머리칼의 뒤얽힘으로 사다리처럼 짜인 배우들 명단 사랑 애원하는 이성들 중간에 놓인 강을 흔들면서 그리고 각 끝에서 불타오르는 손—뿌리에 얽어맨 바람에 우지직거리는 호수 위에서 한 번에 두 토끼를 잡으려 달려온 피곤함으로 인해 부서진 채소 다발—왕—여왕—시종들—모든 복권의 낙첨 번호들—고통 받는 남자들과 창녀들—미친 여자들처럼 웃어대며 가장 최악의 장소인 오펠리에서 빈둥대는 커다란 가재들—기퓌르(옮긴이 : 짜인 부분이 보이지 않고 모양과 모양을 이어 맞춘 두터운 레이스) 모양으로 올 봄에 처음으로 본 비상하는 제비의 해부 테이블의 대리석에 꿰맨 여섯 쌍의 커튼들과 그것들을 보고 우는 조개 소녀의 눈물들―자기 수프를 먹고 돌아오는 저녁에 문전박대당하는 차양 덧문들―권태 권태 권태 지긋지긋한 권태와 천장으로부터 보행기의 바퀴 한가운데에 수직으로 떨어지는 구부러진 비둘기 목에 매달린 꽃다발―방심한 은혜의 변덕으로 그의 손을 잡는 시간들의 고아 종 파란 눈 위에 그의 손가락으로 펼친 황금빛 도는 장밋빛 한 줌 구름의 종려나무 칼끝에 걸린 그토록 지친 초록 속에 깔린 아주 곱게 잘 갈린 먼지

1936년 4월 4일 주앙-레-펭에서 [I]과 [II]

[I] *소녀의 초상화*트럭 밑에 찌그러진 오래된 통조림통 위에 *깨진 유리 조각을 붙들어 매고 그에게 여자 얼굴의 옆모습을 그려 주다*아래쪽에는 작은 인형 장갑 한 켤레를 매달고*위쪽에는 깃털을 몇 개 꽂다*쓴 오렌지 위에 그 전체를 내리박다*통조림통 위에 구멍을 내다*

[II] 이 상황들 앞에 극적으로 격식을 차린 라일락 빛깔의 보기 흉한 작은 사람―이집트콩들 위에 무릎을 꿇고 앉다 윤곽 달의 허위 최악의 일 그의 손 위에 있는 탑의 영상―그에게 학교 아이들처럼 소리를 지르고 잘난 체하는 것을 비웃는 당구공에게 이국적인 스카프들로 휘감겨 웃고 물론 헌병의 이름이 그에게 암시하는 상자 위를 짐 꾸리는 사람이 두드리는 각 타격의 냄새를 듣는다―파도의 끝자락을 쓸어 올리고 구름의 구겨진 침대보 위에서 떠도는 종소리 위에 앉아서 그리고 제라늄의 그토록 절박한 호출에 만일 철책의 회색이 상냥해진다면 꽃으로 만든 나무 아몬드 초록빛 편지봉투에서 그의 한쪽 눈을 떼지 않는다―그러나 만일 그의 선들로부터 옷을 벗은 장미가 몸단장을 하고 벼룩들을 찾는다면 넝마주의의 트럼펫은 부엌의 약한

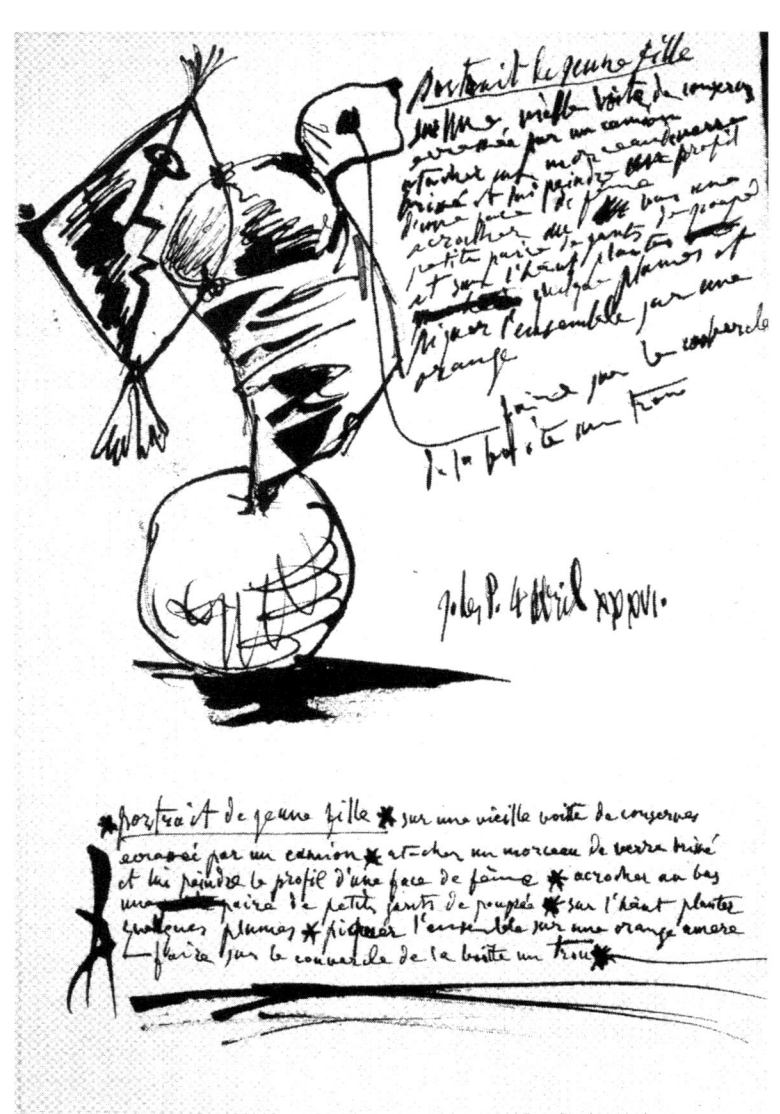

portrait de jeune fille ✱ sur une vieille boîte de conserves écrasée par un camion ✱ attacher un morceau de verre brisé et lui peindre le profil d'une face de femme ✱ accrocher au bas une paire de petits gants de poupée ✱ sur l'haut planter quelques plumes ✱ piquer l'ensemble sur une orange amère ✱ faire sur le couvercle de la boîte un trou ✱

불 위에서 서서히 익어가는 플루트의 음조를 저지하고 우연히도 약속들을 잊고 모든 진실게임에 엉망이 된 포스터에게 그의 진실을 말한다―기적 생석회와 수은 그의 선들의 길들여진 손 채찍질에 놀란 두 눈 그의 나룻배로부터 멀리 떨어진 바다 한가운데에서 외로운 돛 청춘의 샘의 향기들이 파이프오르간에 매달린 음악의 타임(옮긴이 : 음식에 향을 내기 위해 넣는 허브의 일종) 한가운데에서 자신의 행운을 찾는 토끼의 스튜 요리

1936년 4월 8일

(I)
춤의 독방 안 사랑의 화살들에 못 박힌 코안경—그의 머리칼 속에 든 튀김 블라우스 노랑 촉수 달걀들과 토마토들 젖가슴 기름에 절은 국기의 깃대 그의 타임 냄새가 내게 스며들다—긴 빗방울들의 까마귀 날개의 뒤얽힘 속에 시간이 고정되고 풀리다—그리고 바구니 속 꽃들의 악랄한 간계 그의 손톱으로 찌르다 드레스의 처절한 절규의 옷단

(II)
노랑 촉수 튀김의 환희의 불 둘레에 후광으로 사랑의 화살들에 못 박힌 각각의 마늘 그리고 토마토를 넣고 튀긴 계란들은 악랄한 간계에 의해 꽃바구니에 찔린 그의 손톱의 절규에 의해 고정된 시간의 냄새가 배어든 까마귀 날개 속에서 긴 빗방울들의 뒤얽힘을 회피하며 타임의 국기 춤을 춤추다

(III)
손톱 마늘 타임의 사랑의 화살 국기의 뒤얽힘 긴 빗방울들은 독방 안

에서 춤추다 노랑 촉수들의 후광 까마귀는 시간을 고정시키고 제 발톱들 한가운데를 쪼다

(IV)
타임에 노랑 촉수들의 뒤섞임은 까마귀들의 후광을 긴 빗방울들을 춤추다 그리고 그 손톱들의 한가운데서 시간에 박차를 가하다

(V)
시간은 후광으로 춤추다―긴 빗방울들 한가운데에서 까마귀들의 뒤섞임 그 손톱들

(VI)
긴 시간들 긴 빗방울들의 뒤섞임은 손톱의 후광의 한가운데에서 말에 박차를 가하다

1936년 4월 9일

(I)
그것은 씨앗의 초록색 마시고 싶은 바다 웃음 비단향꽃무우 조개껍질 잠두콩 창유리 검둥이 침묵 석반 화관 모과 어릿광대

(II)
그것은 바다에 웃음 조개껍질 마시고 싶은 비단향꽃무우 색 씨앗 검둥이 잠두콩 창유리 침묵 석반 초록 어릿광대 화관

(III)
창유리 검둥이 침묵 청회색 바다 초록 잠두콩 웃고 싶은 그것은 비단향꽃무우 조개껍질 어릿광대 색조 꽃부리

(IV)
검둥이 잠두콩 침묵 초록빛 청회색 조개껍질 씨앗의 색 바다 비단향꽃무우 창유리 화관 그것은 웃을 일이다

(V)
화관 그것은 너의 웃음 조개껍질 바다 청회색 비단향꽃무우 초록 검둥이 침묵 창유리 씨앗

1936년 4월 10일

유일한 태양이 이빨들로 맹위를 떨치고 복장을 이중으로 하고 시선의 깃털 위에 만새기 물고기를 그리고 추락의 끝을 고정시키고 춤에게 제 손톱들을 용해시키다

1936년 4월 12일

더러운 것만 먹는 식당 독수리가 된 찬장은 제 날개를 펴고 동그랗게 몸을 움츠린 의자들을 쇠시리를 따라 발들에 의해 끌려온 파란색 소음에 날개를 꺾고 등나무들의 가장 정다웠던 추억들을 반숙으로 살짝 익히고 사냥감이 지나가는 장소 제비가 통과하는 장소 주변에 아몬드 초록빛 펄쩍 뛰는 누구야 소리 위에 선잠을 자면서 영양의 날쌘 한 다리들에 제 화에 못 이겨 격렬하게 흥분한 분노 얌전하게 접시에 제 생각을 쓰면서 방구쟁이 공기 가득 부푼 풍선 렌즈콩 요리 접시 위에 그녀의 피를 흘리게 하고 그녀를 다치게 한 트럭에 의해 커튼에 핀으로 고정시킨 여자 예언자 비극배우 체취의 날카로운 모퉁이 뾰족한 끝에 균형 잡고 서 있는 테이블 위에 점심식사를 위해 놓인 테이블보 가장자리 주위를 맴돌며 달리는 여자들 유방으로 만든 바퀴들을 단 수레 열린 목이 샴페인 거품이 이는 술잔에 제 월경 피를 쏟아 붓고 밤들을 불붙이다 색깔이 금빛 띤 적갈색 지우개가 눈에 띄는 그림자가 떠오르는 방안에 있는 테이블 네 귀퉁이에서 절규 수집가와 빛의 놀이와 그의 씨앗들로부터 더듬거리는 눈먼 태양이 애무 가득한 설탕조림 그릇의 예상들을 복잡하게 만드는 그림의 변덕들에 무릎 꿇고 복종한 통음난무 수집가를 지우는 것을 슬퍼하다 그리고

프리즘의 잡음의 자외선 생쥐 구멍 비밀 번호 한가운데 다리를 벌리고 퍼진 흰색의 예절을 무시하다

1936년 4월 13일

정향으로 못을 박고 장밋빛과 초록 청색 염료를 흩뿌려 만든 아주 작은 나룻배가 정박되고 빛나고 향기롭게 반짝이고 색채를 물들이고 매혹하고 그의 술잔에 날개 돋친 정자를 빠뜨리다 그의 스카프 나무 아래 땅바닥에 떨어진 작은 체리 꽃잎 소녀 빗방울들 속 생쥐에 의해 볼기를 맞고 위로 말려 올라간 그의 모든 빨래들

1936년 4월 19일 주앙-레-펭에서

절규의 다이아몬드 끝에 찔린 한여름 밤의 꿈 화장지에 포장된 황소 목 위의 유리장수 군악대의 꽃다발 주위를 맴도는 파리의 원무 형상을 한 상처를 긁으면서 낚싯바늘 끝 위에 그의 등불 영사기를 돌리다 그리고 부두로 나룻배를 가져올 희미한 희망을 강한 불에 굽다 희한한 낚시질의 총 사격을 잔뜩 맞은 옆구리들 입술을 깨물면서 무지개의 선별기를 지나온 별들이 쏟아지는 것을 뒤흔드는 그물 속에 우글거리는 온도계들 술에 취하고 창백해져서 카바레의 팔들로부터 떠나가는 흐트러진 머리칼의 새벽들의 쾌청한 날씨 네 귀퉁이에 장미가 못 박힌 홑이불 그림들 속에서 아룸(옮긴이 : 식물명)들 끝에 불타는 듯한 바람들 그리고 그의 코사지 놀이의 즐거움으로 움튼 작은 완두콩들로 가득한 스코틀랜드의 색채들 그리고 후광들의 향기로운 보금자리 속에 나타난 플루트 곡조는 커튼의 갈대들 속에 그의 슬픔에 잠기게 하다 그리고 첫 만남의 베일에 감싸인 밤의 북 위의 전신줄에서 똑똑 떨어지는 눈물방울에서 눈물방울로 이어지다 우주의 검고 푸른 화재 속에 날아오르는 부메랑으로부터 떨어져 내리는 날개들

1936년 4월 21일

파라디크로로벤젠(옮긴이 : PDCB, 좀약, 소독약 등의 원료로 쓰이는 화학제품)의 가루 기초에서 떨어진 교각의 무용 공중에 매달린 다림추 제 손안에 가져온 헝클어진 동아줄 속의 동백꽃 제 손가락을 내밀었다 다시 그것들을 제 소매 속으로 끌어당기는 물가의 모래 위에 누운 대리석 조각상의 절단된 머리 돌 안에 강제로 고정된 육체의 끔찍한 형태에 의해서 손톱에 물린 빨간 쇠에 표시된 플루트 연주가의 꿈의 변덕스런 소망으로 그것을 갉아먹고 그것을 끌고 다니는 요부에 의하여 그의 가슴 위에 떨어지는 물방울 소리에 감싸인 그의 경기가 이기는가 지는가를 쫓는 화살 끝에 있는 복숭아빛 베일 그리고 접시꽃 냄새에 썩은 이 침묵의 악취의 메아리 속에 이마를 깨뜨리면서 구운 정어리 냄새가 너무 지독해 움츠러들고 캐러멜색 닫힌 차양 덧문을 통해서 빛의 표적에 사격을 가하기 호기심에 불타는 별들 향연의 솔깃한 모든 귀들 찢어진 국기들 그림들의 열정적 원천의 탯줄 가식 없는 거품 한가운데에 펼쳐진 축제의 아름다움의 한가운데 박힌 햇살 주위에 나선형으로 치솟아 오르는 작은 종들 끈으로 묶인 그의 팔 눈 먼 비상을 꿈꾸는 그의 시선 그의 일요일 성장을 한 야수의 괴물 같은 이마를 때리는 마지막 모래를 삼키는 흑수병에 걸린 벌어진 입 제비의 뿔 모양의 나막신 목에까지 파리들이 가득 찬 거미들의 레이스로 만든 작은 바지들 밑에 설탕수수 스타킹을 신은 다리들 치즈 리본으로 만든 와이셔츠 선반 위에 놓인 로렌느 햄의 혈관 속을 흐르는 수정 원구 속에 갇힌 전선들에 의해서 잡힌 복장들 유모와 군인이 앉아 있는 초록빛깔로 장식된 정원의 하얀 브래지어를 지탱하면서 돌차기를 숨바꼭질을 하고 노는 식당에서 일하는 사람 차림의 아주 못생긴 여자를 희롱하는 코스의 숨바꼭질을 하면서—목수의 못을 들어 못 박힌 크고 두터운 널판으로 만든 사슬 원피스와 벼려서 못으로 고정한 쇠로 만든 의상—도로에 전복된 오렌지 가득 실은 차에 치인 닭의 목의 핏빛 깃털들 균형 잡고 계속 서 있으려 애쓰는 화강암 바윗돌들로 만든 모자—양파들과 기침을 멎게 하는 편평한 원형 드롭스들과 목신의 피리로 만든 목걸이—작은 X선 사진기들에 걸려 있는 걸쇠에 의해 원피스에 걸려 고정된 수녀의 방귀 속에 구멍 난 담뱃갑 그들의 씨 안에 갇혀 있는 체리들에게 최적으로 좋은 날씨 그리고 떠돌다 미소지으며 영원함의 초라한 초가집 주위를 한 바퀴 도는 나전빛 구름사다리 위에 서 있는 미인 중의 미인이 오만한 아름다움을 띄워보내다 사랑받는 그녀의 몸

1936년 4월 24일

허공의 다리들 별이 총총한 밤 한가운데 걸린 무지개 이불을 뒤틀면서 놀란 눈을 한 요람 눈을 깜빡이는 그물침대 속 순수한 방울새 프리즘의 목에 피어오른 불 속에 박힌 못들이 추는 원무 죽어가는 황소의 눈을 맹렬하게 괴롭히는 진창 속에 빠진 바퀴의 불탄 자국 끝에 고정된 동아줄

1936년 4월 28일

기름에 절인 정어리를 사러 집을 나와 식료품 가게로 가던 비너스가 일사병에 걸려 조개로 변하다
비너스 같은 연보랏빛 얇은 종이가 아침에 매일 입는 원피스를 입고 맨발로 낡은 신발을 신고 헝클어진 머리로 기름에 얼룩진 소매를 하고 우연히 집을 나와 식료품 가게에서 기름에 절인 정어리들을 사다 큰 욕지거리 소리에 몸을 떠는 차양덧문에 가려 잊혀진 전기의자 위의 플루트 곡조는 확대경을 통해 보면 일종의 조개가 되다 바다가 내지른 소리에 유리장수는 쓰디쓴 아티초크(옮긴이 : 물에 삶아서 겹겹이 싸인 잎사귀 속 말랑말랑한 부분을 먹는 식용식물)를 혀에 대고 발로 귀를 차다 기름방울로 깨진 창에 입술을 대는 축 늘어진 커튼 그리고 날개로 기하학적 상처의 꿈을 보다 찬성과 반대 구름 밑바닥에 쌓인 소금더미의 톱니 모양 끝에서 전속력으로 달아나면서 눈들의 눈사태에 준 희망 한 가닥으로 사방으로 만복을 주고 물잔 속에 갇힌 무지개를 새로 그릴 수 있는 기회를 주는 올해 36년 4월 28일 오늘 오후에 정원의 꽃들 속에서 날아오르며 파란 색실 위에 말 타듯 걸터앉은 테이블 위에 김이 무럭무럭 나는 감자요리를 집으려 제 손들을 뻗는 눈부신 햇살에 찔린 수학적으로 허망한 향수 냄새에 갇혀버린 수정의 날카로운

모서리 가면무도회의 입술들을 깨물면서 비의 발자국으로 살금살금 오면서 장미 가시들에 의해 화강암 벽에 고정된 오렌지 꽃들 밀랍 얼굴들 침으로 뒤덮인 그들의 모습들

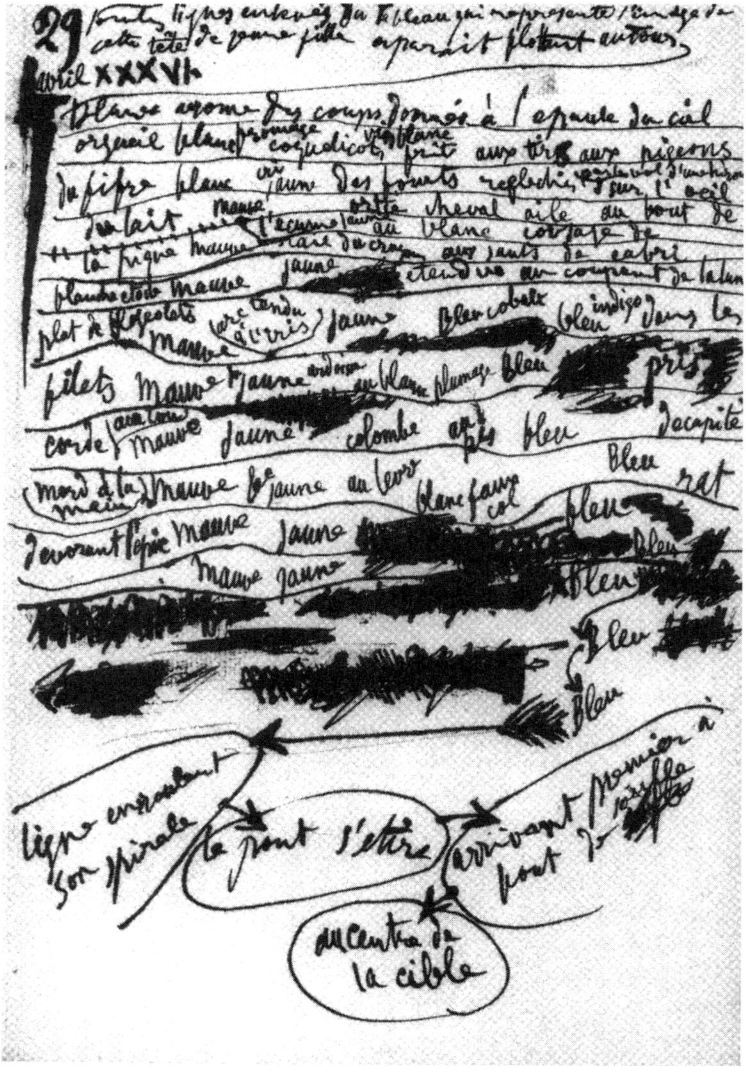

29 avril XXXVI

lignes enlevées du tableau qui représente l'image de cette tête de jeune fille apparaît flottant autour

blanc arome des coups donnés à l'épaule du ciel
orgueil blanc fromage coquelicot vin blanc pris aux tirs aux pigeons
du fifre blanc cri jaune des fouets réfléchis sur l'oeil
du lait mauve cette cheval aile au bout de
la pique mauve l'écume jaune au blanc corsage de aux sauts de cabri
plombe étoile mauve jaune étendue au couchant de la lune
plat de mauve l'arc tendu d'iris jaune bleu cobalt bleu indigo dans les
filets mauve jaune au blanc plumage bleu pris
corde au cou mauve jaune colombe bleu décapité
mord à la main mauve jaune au lever blanc faux col bleu rat
dévorant l'épi mauve jaune bleu bleu
mauve jaune bleu
bleu
bleu

ligne enroulant son spirale le pont d'être arrivant premier à pont de
au centre de la cible

1936년 4월 29일

소녀의 얼굴을 그린 그림에 시원하게 그려진 모든 선들이 하얀색 근처를 떠도는 것 같다 하늘의 어깨를 두드릴 때 나는 향기 하얀 자존심 치즈 개양개비들 하얀 포도주 흰 피리 부는 사람의 비둘기들에 사격들을 첨가한 감자튀김 우유의 눈 위를 날아오른 제비의 비상에 의도된 채찍들의 노란 절규 접시꽃 쐐기풀 흰색이 도는 노란 거품 끝에 날개 달린 말 카드의 스페이스의 코사지 어린 염소의 껑충거림에 연필로 그린 줄무늬 하얀색 별 연보랏빛 달의 칼날에 번진 노랑색 제비콩 요리 연보랏빛 노란 붓꽃에 담긴 활 코발트 블루 인디고 블루 그물들 속에 하얀 깃털을 두른 노란색 판암의 연보랏빛 목에 끈이 걸린 파랑색 연보랏빛 노랑색 파란 가슴의 비둘기 참수형을 받은 사람이 손을 물다 연보랏빛 호수 하얀 입술[1]에 노랑색 푸른색 가짜 칼라 이삭을 아귀아귀 먹는 쥐 연보랏빛 노랑 파랑 연보랏빛 노랑 파랑 파랑 파랑 파랑 그의[2] 나선형으로 도르르 말리는 선 길게 이어진 다리는 가쁜 숨을 몰아쉬며 표적의 중앙에 일등으로 도착한다

---

1) 원고에 Au lèvre blanc(옮긴이 : 여성형 à la lèvre blanche 대신 남성형으로)라고 잘못 표기
2) 원고에 son(옮긴이 : 여성형 소유형용사 sa 대신 남성형으로 잘못)이라고 표기

3 mai XXXVI.

do 3 re 1 mi fa 2 sol la 3 si 7 do 3
do 22 si 9 la 12 sol 5 fa 3 mi 6 re do 1
do 333 si 150 la 14 sol 17 fa re 303 mi si 33.333.333
mi 10 si 441 la 9 sol 22 fa 13 mi 0.95
la main fait l'ombre portée
que la lumière lui laisse faire
et pause de silence
la scène les chiffres
3 — 5 — 10 — 15
21 - 2 - 75 — et
l'écharpe qui flotte emportée
par les griffes du cheval
ses ailes déployées
tournoyant ivre de liberté
dans le bleu des raies du
corsage du ciel ouvert de l'infini

1936년 5월 3일

도 3 레 1 미 0 파 2 솔 8 라 3 시 7 도 3
도 22 시 9 라 12 솔 5 파 30 미 6 레 11 1/2 도 1
도 333 시 150 라 1/4 솔 17 파 303 레 1 미 106 시 33.333.333
미 10 시 44 라 9 솔 22 파 43 미 0—95
손에는 빛이 허락한 그림자가 딸려 있고 침묵의 잠 속으로 빠져들어 간다 숫자 2—5—10—15021—2—75의 합계와 맹수의 발톱에 휩쓸려 나부끼는 스카프 영원으로 열린 하늘 블라우스 무늬와 같은 줄이 간 푸름에 취해 자유롭게 펼쳐진 날개의 깃털

1936년 5월 4일

모든 그림자들이 육체로부터 갈가리 찢겨 나와 서둘러 여행을 떠나 네 빛과의 약속을 지키기 위해 두꺼운 검정색 크리스털 안 그들의 망망대해 왕국 밑바닥을 향해 수직으로 떨어져 불을 끄네 이야기를 해보자면 나는 백인 아버지와 안달루시아 산 브랜디 밑에서 태어났어요 나는 말라가의 악명 높은 페르슈르[3]에서 태어난 열다섯 살 어린 엄마 밑에서 태어났어요 내게 자스민 꽃 왕관 쓴 이마를 낳아줄 잘생긴 황소는 레몬 꽃의 벗은 어깨를 발톱과 부리로 찢다가 희생자가 된 새들의 민족이 감금된 새장의 철책을 양 손으로 뽑아냈지요 겁에 질려 죽은 소녀 부러진 날개 얇은 초록색 종이로 감싸인 부나비의 눈에 비친 소용돌이 모양의 붉은색으로 줄이 간 파란색 심장 원피스와 신발의 사과 이리 저리 뛰는 그리고 서로를 거품 위로 뛰어오르게 하는 파도의 뾰족한 귀 해변 모래밭에 묻힌 거대한 조각상의 절단된 대리석 머리

---

3) 페르슈르 : 예전에 평판이 나빴던 말라가의 구역

1936년 5월 5일

의자의 호수의 작은 병의 목이 졸린 소리들로 만든 시간들 봄에 꽃피는 안락의자의 벽시계들 오늘 아침 10시 30분 벽난로에 걸쳐 놓은 전신줄 위에 놓인 제비 심장 위에 놓인 마지막 꽃다발의 장미 물레방아 밑에 던져진 팔레트의 인공적 열기의 태양의 씨들의 비의 신중한 불에 혀가 축 늘어진 육체 쐐기풀들에 실패가 무지개의 실을 풀어내고 아롬들의 돌 위에 있는 머리의 옆모습을 그린 그림 윤곽을 돋보이게 하고 마늘과 양파에 그의 시선을 비비고 울타리 위로 뛰어오르는 투우의 순결한 모습을 가두는 녹은 거울로 만든 공 모양의 열기에 제 손의 리본들을 발가벗기고 점심시간에 불 위의 석쇠에 매달린 고기 동네의 냄새의 날개 돋친 석회 조각들 위에 있는 천한 사람들이 모이는 곳에서 그의 꿀을 만들러 가는 고통의 절규의 황금빛 비상에 이 모든 것은 물론 그가 더 이상 숫자도 축제도 믿지 않는 것을 말하려 함이다 투명한 비둘기의 꽃핀 종려나무 베일의 청각의 술잔에 자신의 권태를 달래는 금빛 도는 적갈색 종이의 무대 위의 모든 방들의 잘 구비된 방의 창문을 통해서 들어온 호텔의 쥐 그러나 더러운 냄비들 바닥을 닦자 자고새들의 게슴츠레한 눈들과 은은한 색깔로 조화를 자아내는 고문실을 만드는 송아지의 콧구멍들 액자의 천장과 벽

사이의 돌림띠 구석의 컴퍼스에서 직각자까지 그리고 찢어진 걸레의 약간의 애정 옆구리를 채찍으로 맞고 딱 벌어진 주둥이 창에 걸린 국기들과 이빨을 갈며 벼룩에 뒤덮인 뜯긴 문 위에 네 구석에 못 박힌 침묵의 피 흘리는 드레스와 소시지처럼 동그랗게 썰리고 사슴처럼 대접받은 결혼할 소녀의 아주 격식을 차린 예복의 오물로 뒤덮인 베일 게다가 등록비들과 볼레로들의 조세 부담들 바늘모양의 아들의 집시 성냥들과 말의 그림자의 이빨들에 의해서 머리칼에 불붙은 불꽃의 공포 차양 덧문 뒤에 열린 배 약간의 햇살의 미지근함 거울 구석으로부터 플루트 음조 위에 흩뿌리다 올해 5월 5일 이번 목요일 7시 5분 전 저녁에 하얀 커튼의 올리브나무 밑에 앉다

1936년 5월 8일

불의 거품이 터뜨린 웃음소리에 청동 드레스를 두른 몸이 광장 한가운데에 나타난다 깃털 달린 흰 옷을 입고 황소의 머리를 한 어린 소녀의 화관을 장식한 정액으로 더럽혀진 장미는 베일로 만든 돛을 올리고 계란의 눈 액체 상태의 허공을 노 저어 나아가는 대리석 바위로 만든 배 위에 서 있고 버터에 볶은 국수 피범벅이 된 거울은 매일 매일 제 손을 오물 속에 더욱 더 깊이 처박고 해마의 보금자리 속에서 대량 살상을 한다 밧줄로 엮은 사다리와 새떼가 우글거리는 계단참에 단도처럼 똑바로 박힌 있을 수 없는 색깔의 리본들 뒤집혀 죽어가는 자동차 차바퀴의 원 둘레에 두껍게 발린 한 겹의 붉은색 위 가죽끈으로 매인 말들 목에 밧줄로 매여 끌려가는 양초를 녹여 길이를 줄이는 음악의 곡조 불꽃놀이의 꽃다발 덜 익은 것들 그리고 농익은 것들이 얼굴을 맞아 모래를 튀기고 바닥에 추락한 충격으로 산산조각 난 시간들 개양귀비들이 하나하나 떨어지며 꽃다발을 이루어 용골에 입술을 묶으려 애쓰는 파도 위를 헤쳐 나가는 배의 돛을 꽃다발 모양으로 부풀리는 이삭 모양의 불꽃이 떠받친 세상 위 크리스털 꽃병을 채우고 부채꼴로 움직이는 늘어뜨린 밧줄 아래 욕망과 열정에 온 몸을 연 채 그것을 쫓는다 묶인 나비들이 날아다니는 깊은 동굴의

선명한 검은색 석회 눈으로 덮인 태양의 검은 본질 속에 사랑하는 손들 아침의 모퉁이가 베개 밑에 숨는다

1936년 5월 10일

벌거벗은 궁둥이들을 때리는 까치밥나무 열매송이들이 빛의 신맛의 단어들의 칸막이들을 넘쳐나게 하는 곳 푸른 육체 두꺼비의 도약의 멋진 한가운데 박힌 못에 걸린 추억의 보랏빛 도는 푸른색 하프 현들이 있는 심하게 탄 은판을 꿰뚫는 장미 미라의 팔에서 떼어낸 손바닥 안에 투우 경기에서 소를 도발하기 위하여 쓰는 그의 붉은 천 끝을 적시는 투우사 희망의 닫힌 문 앞에서 구걸하는 여인 파랑돌(옮긴이 : 프로방스 지방의 춤 · 무곡) 반달 모양으로 오렌지를 자르는 펴놓은 부채 위의 눈송이 화염에 싸인 말의 이빨들 사이에 낀 탬버린의 애도 정원에서 들려오는 소녀의 볼에서 튀어오르는 공 소리에 분수 위에서 춤추는 달걀 판암층으로 싸인 약한 그녀의 하얀 드레스의 그토록 부드러운 연초록빛 하늘에 녹아드는 연보랏빛 저녁 무렵 흰 족제비를 뒤쫓다 종려나무의 소네트의 각운의 길이 빨랫줄들 위에 밤에 의해 잊혀진 늘어진 빨래의 목신의 피리소리에 의해 커다란 돛대에 다발로 묶인 시간들의 발톱들이 뽑힌 정복자에게 바닥을 물려 좌초한 나룻배를 가득 채운 죽은 머리들이 즐비한 일종의 고운 모래사장 미소들과 노래들의 무지개색들의 맛이 담뿍 담긴 시선들로부터 거둔 향수 바퀴들에 맑은 물로 만든 기쁨의 수레

1936년 5월 11일

만일 어깨에서 벗겨진 드레스가 돌처럼 늪바닥으로 떨어지고 그림의 유리창을 깨뜨린다면 그의 눈에서 시계태엽이 튀어오르고 그를 눈멀게 하고 그를 사형집행인의 손에서 버림받게 한다 메두사 머리의 계단과 책 쪽들 사이를 밝히는 낙엽 곡예사 월귤나무 열매의 남성 합창단 가까이서 피어오르는 안개의 석화된 뼈대 술 취한 숫자들의 소리에 코니스 구석의 발렌시아 쌀 컵에 넘치는 검은 액체 대리석 기둥 불의 해면들의 돌들 위에 방울방울 떨어지는 죽음들은 특히 태양이 포크로 수프를 떠먹는 찬장 구석에서 식어빠진 철학적 수프를 바베 비 보 부 두 부 도 비 베 바 평생 동안 노래해야 하는 것을 바로 비웃을 일이다

1936년 5월 16일 파리에서

레몬나무에서 찢긴 가지의 꽃들의 향기는 볼에 숨긴 접시꽃의 열기에 나무막대에 걸친 오목한 손 안에 그 모양을 석화하고 그녀의 꿈결에 실린 먼 소녀의 왼쪽 콧구멍에 그의 암술을 찌르다

1936년 5월 18일

푸른 허공의 소멸하는 향기를 바라보며 장미를 만지면 터지는 웃음이 애절한 마음을 사로잡는 초록의 소리 위에 느껴지는 노랑의 맛이 비둘기의 형상을 만든다 청명한 공중에 몸을 비추어보는 열기의 외침에 눈이 먼 빛이 증발된 액체 상태의 노래가 침묵에서 뽑아낸 시간의 너무나도 감미로운 부재의 종소리를 울린다

1936년 5월 20일

아 만일 새가 청동 거미의 배 안에서 잠든 시간들로 화환을 만든다면 화가 난 숫자들은 바다의 공간 밑바닥에서 그의 별 튀김을 만들 수 있으련만 깃털을 두른 숫염소 그리고 전신줄 위에서 노래하는 정확히 황소 머리의 뿔들 사이의 이마 한가운데 박힌 뜨거운 못에 묶인 스카프의 푸른 계란의 눈을 한 장미 아 이 침묵

1936년 5월 23일 [II]

[II] 기하학적 형태의 향기의 장미 원반 플루트 곡조로부터 버림받은 뻣뻣한 줄의 수학적 무의미한 사물 찢겨나간 날개가 구름의 관자놀이에 붙어 호수 안에 떨어진 죽은 새들 땅바닥 수탉 부싯돌 레몬 그리고 아몬드 송악 새매 의자 나의 팔로마를 노래 부르며 잉걸불 위에 누운 사랑의 나신 파도치는 대로 표류하는 글자 m.t.[1] 그리고 꽃처럼 열리는 새장은 증발된 코사지의 파란색을 애무하면서 거울을 고정시키다 오늘 오후에 만들어진 거울 위에 그의 볼은 여러 조각으로 찢어지다 베개 밑에 숨은 침묵의 마술방망이와 불꽃들을 전속력으로 돌리는 숨결 끝에 바퀴 달린 못 권태에 만취한 탑의 발판이 떨어지면서 만드는 웃음소리에 승부를 거는 놀이에서 마지막 카드 위에 잃어버린 집으로부터 떨어진 창의 칼날 위에 놓인 꽃다발 만일 자신의 고통 위에서 하루를 기다리는 조각배가 연이어서 자기 하프의 돛을 억제하지 않는다면 태양 볕에 마르는 너른 밭에서 거두어들인 암살당한 눈물들 음악 유체의 비둘기 속에 익사한 독수리의 발톱이 움켜쥔 옷

---

1) m.t. : 마리-테레즈 월터.

1936년 6월 7일

손으로 잡아뜯은 머리칼 너비로 펄럭이는 커튼에
마편초 향 사다리
욕망으로 질서정연하게 날아오르는 제비들의 절규로 고정된
프리즘으로부터 전속력으로 달아나는 고기채소스튜
가슴에 깊이 박히는 꽃 무기는
자신의 무관심을 표명하고
그의 양복은 독수리 머리 모양의 우승컵에 분칠을 하다
어릿광대가 내뱉는 음악 같은 독설의 눈송이들
별들을 수확하는 낫
스위스 모슬린 블라우스 소매 아래의 팔들이
밤새 감시를 하다 잠든 나무에 감긴 독사의 매듭을 풀다
얇은 덧문에 매단
침묵의 냄새를 차단하는 은은한 등불 위
일종의 북이 울려 사랑을 수학적 점으로 불러들이고
황소의 놀란 눈 속에 활짝 편 날개들
먼지 가득한 태양의 목에 꽉 낀 파란색 냄새 속에 벌거숭이로 헤엄치
며

공포에 떠는 침대 밑에 숨어
말을 더듬는 창백한 초록이 내려친 회초리에 한 대 맞은 그림자의 진창에 빠진
잿더미에 던져버린 추억 덩어리 안에 몸을 사린
운명의 바퀴가 행운을 잡는 이 순간에

1936년 6월 15일

낙엽은 별 색깔의 마늘을 비웃는다
색깔로 깊게 찌르는 단검의 분홍빛을 비웃는다
낙엽에 싸인 별의 마늘
떨어지는 별의 냄새가 분홍빛 단검을 보며 짓궂은 표정으로 웃는다
낙엽에 싸인
날개 달린 마늘

1936년 [9월]

만일 그의 눈 속에 담긴 깨진 창의 애처로운 추억이 그를 감싼 탄식하는 옷자락의 사랑하다 지친 푸른색에 향기를 더하는 종소리에 몸을 부딪쳐 시간을 알리지 않는다면 그의 손 안에서 어느 순간에나 작열할 수 있는 태양은 발톱을 거두고 희생의 제물을 갉아먹으면서 사마귀를 그리는 그늘에서 잠을 자련만 그러나 만일 낚시 바늘에 걸린 노래를 흔드는 곡선이 둥글게 몸을 말고 심장을 물어뜯는다면 그 마음을 빼앗아 색깔을 입힌 단도와 불가사리 꽃다발이 술잔 안에서 고뇌의 절규를 하리 그의 시선의 혀가 창턱 위에 타오르는 불꽃의 커튼 속에서 춤을 추는 파리들의 움직임의 비극적인 스튜를 두드려 깨운다

1936년 10월 3일

피 흘리는 사랑으로 찢어진 육체를 가시면류관 안에 너무나도 옹색하게 옥죄는 초라하기 그지없는 줄어드는 가죽* 무지개의 목을 깨물며 모든 종을 울려 위험을 알리는 그의 눈 속 깊숙이 못 박힌 재스민 향기의 비참한 추억 덫에 걸린 태풍 머리빗 거울 희극적인 알파벳 글자 진수성찬 손 먼 거리 인간의 명단에서 지워진 색깔 만일 인생이 배추냄새 가득한 큰 연회장 안에서 희망의 스튜를 익히고 거짓말의 식탁 밑에서 미소짓는다면, 그 주위에 앉은 모든 의자들이 벌떡 일어나 책임자 집무실의 벽으로 가서 못이 박힌 채 박쥐가 아름다운 우산의 천을 끈적거리게 만드는 시간을 핥기를 멈추기를 기다리련만 사람들의 구두굽 밑에 짓밟히는 별들의 전기 향기에 박힌 그의 시선으로 종을 치는 막대기를 내 가슴팍에 대고 부러뜨리는 소리를 듣는다

(*줄어드는 가죽은 발자크의 소설 『신비로운 도톨가죽(La peau de chagrin)』에서 주인공의 소망을 이루어주는 신기한 힘을 가진 가죽이 그것을 이용할 때마다 점점 줄어든다는 이야기에서 비롯된 표현이다 : 옮긴이)

1936년 10월 10일

(I)

초라하기 그지없는 줄어드는 가죽 안에 썩어가는 살 전속력으로 달아나는 사랑으로 찢어진 육체를 가시 면류관 안에 너무나도 옹색하게 옥죄는 아코디언 피 흘리는 양털 그의 눈 속 깊숙이 못 박힌 재스민 향기에 구토를 하는 비참한 추억으로 깨어난 북 치는 소리 목에 둘러멘 스카프처럼 커피 테이블을 두르고 무지개의 목을 깨물며 종의 뺨에 갈긴 모든 따귀에 그의 이미지를 투영하며 모든 유리를 소리 나게 쳐서 모든 위험을 알리며 후렴구의 후렴구 브래지어 덫에 걸린 태풍 이빨 사이로 내뱉는 휘파람 빗 그리고 행운에 내맡긴 그의 가슴 위에 감든 거울을 양 손 안에 넣고 비튼다

(II)

진수성찬에서 취한 이글거리는 석탄 위에 꽂힌 희극적인 알파벳 글자 손 먼 거리 인간의 명단에서 지워진 색깔은 구리 속에 못을 박고 돌을 향해 이마에 올려붙인 경례 만일 인생이 배추 냄새 가득한 큰 연회장 안에서 무릎을 꿇고 희망의 스튜를 끓인다면 노래하라 노래하라 카르멘이여 그리고 클레오파트라 당신도 그리고 거짓말에 활

짝 열린 식탁 밑 운하 가에 줄지어 앉은 낚시꾼들의 육중한 몸에 미소 지으라 그 주위에 앉은 모든 의자들이 벌떡 일어나 새로 지은 마리 로즈 빌라의 책임자 집무실의 벽으로 가서 못이 박힌 채 박쥐가 아름다운 우산의 천을 끈적거리게 만드는 시간을 핥기를 멈추기를 기다리련만 그리고 만일 시간이 분명하다면 사람들의 구두굽 밑에 짓밟히는 별들이 내뿜는 악취를 퍼뜨리는 전기 향기에 박힌 표범의 번뜩이는 시선으로 종을 치는 침대 위에 던져진 부채 위에 그려진 화살표의 막대기를 내 가슴팍에 대고 부러뜨리는 소리를 듣는다

1936년 10월 11일

I
＊끓는 물로 가득 찬 욕조를 그의 목에 비스듬히 메고＊더러운 빨래로 가득 찬 거울 달린 옷장을 그의 목에 비스듬히 메고＊점심식사를 위해 준비된 식당의 식탁을 그의 목에 비스듬히 메고 불이 활활 붙은 테이블보

II
머리맡의 여인 벌집들의 기름으로 불타는 모습에 빛나는 투명한 깃털을 지닌 맑은 물로 가득 찬 비둘기 모양의 성체용기

[1936년 10월 11~17일]

1936년 10월 11일

불이 활활 붙은 제 침대 시트들을 흔드는 미친 여자 날개들을 때리는 궁둥이들 머리맡의 여인 실타래처럼 뒤얽힌 뱀장어들이 헤엄치는 끓는 물로 가득 찬 욕조를 그의 목에 비스듬히 멘 벌집들의 기름으로 불타는 램프에 의해 밝혀진 투명한 깃털을 지닌 맑은 물로 가득 찬 비둘기 모양의 성체용기 젊은 여자의 주름들로 뒤덮인 그녀의 몸 방 한가운데 늘어뜨린 에델바이스 꽃다발의 이마 정한가운데를 강타하는 태양의 가위질에 흔들리고 제 허리 주위가 뒤틀리고 점심식사를 위해 준비된 식당의 식탁에 허리가 꽉 끼인 더러운 빨래로 가득 찬 거울 달린 옷장 창으로 스며드는 빛의 갑오징어 뼈 속에서 재스민들이 부드러운 털들을 애무하면서 무대 나머지 부분에 분칠을 하는 재 속에 빠져 허우적거리는 벽돌색 감도는 초록들과 연보랏빛들에 의해 드리워진 커튼에 걸려 있는 악보를 노래하다 그들의 잇몸에 난 모든 이빨들을 깨무는 눈들 입을 벌린 채 머리를 처박는 침대 위에 놓인 우유 가득한 항아리 속에 제 머리칼을 토하는 이 빠진 입 속의 숯 조각 그녀의 애무로 구겨진 옷장의 거울 구석의 그녀의 소금 조각품의 드레스를 걸친 빛이 길게 뻗어나간 자국 제 조무래기들이나 애매한 축제를 자극하는 이성들의 앞뒤 사이 경계 벽 용들의 가시들에 의해 방해받은 손 위에 놓인 놀란 눈 위에 여름은 애무를 계속한다 혀로 바닥을 박차고 날아오른 초록들이 옆구리를 간질인다 권태

1936년 10월 13일

매번 행운을 놓치고 마는 찢어지는 절규들에 매달린 그녀의 중국 드레스 한 조각 머리카락 몇 개와 이들이 가득한 참빗 그러나 여기에 원문의 정확한 복사본이 있다 "36년 10월 6일—4월 30일자 그림 중 유화 작품번호 15F 〈거울에 자기 모습을 비춰보는 여인〉 이 몇 마리와 머리카락 몇 개가 제 이빨들 사이에 낀 머리빗을 땅바닥에 내려놓다—제 머리 속에도 역시 이 몇 마리와 만일 가능하다면 제 음모 속에 이들이라면 더할 나위 없이 좋다" 그리고 괄호 안에 "소포에 동봉할 매혹적인 생각" 그러나 어떤 침묵이 죽음보다 더한 소리를 낼 수 있을까 우아하게 그의 항문 끝을 긁으며 나쁜 년에게 욕설을 퍼붓다 미녀가 나는 지긋지긋해 나는 지긋지긋해 라고 말하다 천국의 질서들 나는 그런 건 대수롭지 않게 여긴다 단면이 노릇노릇한 대변은 장미 냄새가 나지 않는다 창고 속에서 6개월 동안 보관한 소변 속에 집어던진 국기들로 만든 적당히 잘 끓인 수프를 먹으러 식탁에 앉으러 가야 할 시간이 아마 벌써 된 것 같다 그리고 스물여섯 곱하기 열두 예배당들이 나전 산호 상아와 올리브 씨를 담금질했던 곳 그리고 각자 브뤼셀 배추(옮긴이 : 긴 대에 달리는 작고 동그란 싹배추) 위에 놓고 소금을 뿌린 성수에 잘 씻기고 핸드백 속에 갇혀서 수녀의 대단한 방귀로

향기를 곁들인 쓴 오렌지 껍질 같은 볼기짝 육백 개 서로 같이 묶여 녹기 시작하는 순간까지 뜨겁게 달구어진 천 개도 넘는 달팽이 파먹는 포크들 또 몇 권의 낡은 미사 책들 호텔 넓은 로비의 커튼들 또 작은 입방체로 잘리고 창백한 장밋빛 비단 돈주머니 속에 따로 간직한 고리들 손들 지나가는 행렬에 경의를 표하는 친구들

 1936년 10월 17일

인적 없는 해변에서 죽은 커다란 게를 방울방울 터뜨리는 비눗방울 안에서 똬리를 푸는

1936년 11월 11일

그의 침대차 안 큰 코의 우울

1936년 11월 12일 [I] [II]

[I] 타인에게 무명인 사람은 지금 갈비 축제가 한창이다

[II] 근육 없는 정신력 생각들을 빨아들이는 형태들 속에 형태들을 빨아들이는 생각들

생각에 빨려 들어간 형태의 피로 가득한 입

[1937년 3월 11~17일]

1937년 3월 11일

입술 사이에 진주조개의 포자들 바다의 싹을 틔운 벨벳을 두른 계란 장수는 양초로 불을 밝혀 요란하게 폭발하는 감옥 안 철창 뒤로 너무나도 옹색하게 욕망을 감춘다 입술 사이에 바다 진주조개 포자들 싹을 틔운 벨벳을 두른 계란 장수는 요란하게 폭발하는 감옥 안 너무나도 옹색하게 욕망을 감춘다
철창 뒤로 양초 불을 밝힌 벨벳을 두른 계란장수는 입술 사이에 바다 진주조개의 포자들 싹을 틔우며 요란하게 폭발하는 감옥 안 너무나도 옹색하게 욕망을 감춘다
불 밝힌 양초 싹을 틔우는 진주조개 바다의 포자 입술 사이 너무나도 옹색한 감옥 철창 뒤로 요란하게 터지는 욕망이 숨는다
불 밝힌 양초 싹을 틔우는 바다의 포자들은 감옥의 진주조개 입술 사이 철창 뒤로 너무나도 옹색하게 욕망을 감춘다 요란하게 폭발하는 벨벳을 두른 계란장수
감옥의 진주조개 속 너무나도 옹색한 바다는 팔 아래로 욕망을 감춘다

너무나도 옹색한 감옥 안 바다의 철창 아래 욕망이 요란하게 폭발한다
죄수는 너무나도 옹색하게
바다를 뒤덮은 철창 아래
죄수
욕망의 팡파르를 터뜨린다
바다를 터뜨린다

욕망은 그를 너무나도 옹색하게 가둔 바다를 터뜨리고 철창에 불을 지른다
줄줄이 이어지는 긴 철창은 욕망이 너무나도 옹색하게 몸을 감추는 바다 속 감옥에 불을 지르고 벨벳을 두른 계란장수에게 경종을 울린다

   1937년 3월 17일

욕망은 너무나도 옹색한 감옥 안에서 바다 조개를 터뜨리고 벨벳을 두른 계란장수에게 경종을 울리며 그를 가둔 철창에 불을 지른다

1937년 [6월]

사람들은 심장 속 마을길들을 포장하고 창문에서 떨어져 이마를 다친 모래시계의 흐르는 모래는 열쇠구멍을 들여다보는 놀란 눈들에서 솟아나는 피를 말린다 만일 땅바닥에 뒹구는 기름에 전 종이들과 포도잎사귀 아래 감추어진 음악의 콧구멍에서 흘러나온 악취를 질식시키는 공기는 죽음의 무도가 소변에 적신 빵조각을 붙잡은 손가락 끝에 걸린 목소리들의 흔적을 단번에 지우는 것을 막지 못한다면 새로 포장된 눈부시게 불을 밝힌 실내에는 열쇠구멍을 들여다보는 눈들로 채워진 모래시계로 지탱된 피가 흘러내리고 포도잎사귀 위에 놓인 인쇄활자들은 깃털 펜에서 소변에 적신 빵 냄새를 지우고 그의 피를 바르는 빛 그의 눈들의 열쇠구멍의 모래 넣는 통들은 소변에 담근 빵 냄새 진동하는 깃털 펜으로부터 지워지다

소변에 담근 빵에서 뽑은 깃털 펜들의 눈들을 포장하는 색채들의 혼합물

1937년 7월 2일

어떤 슬픈 남자가 시들시들 마른 만드라고라(옮긴이 : 약용 가지과 식물로 고대와 중세에 마법용으로 사용됨)가 박힌 의자의 슬픔을 끄집어낸다―애꾸눈―다진 고기 메뉴―레몬처럼 노랗게 웃는 보라색 비단 천에 활짝 핀 꽃 위에 펼쳐 말린 북극광처럼 빛나는 가스등 불빛을 단도로 찔러 신부의 드레스에 흰 실로 꿰매 놓았지 선 채로 잠들려는 생각 그리고 달콤한 밤의 기계로 누빈 오렌지색 눈물방울
화가 난 짐승의 털에 절을 하는 무리들을 기름에 튀기고 싶은 어떤 욕망이 타임 향에 들러붙은 귀를 기울인다 발목을 내리치는 회초리 그리고 어루만지는 손길에 불행을 당한 웬 슬픈 남자가 구걸을 하며 천 개의 봄이 박힌 의자의 슬픔을 꺼내고 만드라고라를 덮은 커튼 정중앙에 꽂힌 오렌지 꽃줄기를 꿰뚫은 바늘 같은 벌레가 쏠아먹은 자유의지의 등에 이름이 적힌 늙은 거지여인의 거미줄로 만든 셔츠의 찢긴 자리를 거울에 비추며 후회를 한다

1937년 7월 5일

화가 난 짐승의 털에 매달려 절을 하는 무리들을 기름에 튀기고 싶은 욕망으로 교태를 부리는 어떤 귀여운 슈크림이 타임 향에 들러붙은 귀를 주의 깊게 기울인다 두 발을 모으고 뛰어드는 그의 발목을 지루하게 반복하여 내리치는 회초리 그리고 눈 안에 들어간 양파와 토마토를 함께 튀긴 마늘의 냄새의 애무에 너무나도 불행해진 어떤 슬픈 거지가 천 개의 봄 화살이 박힌 의자의 슬픔을 꺼내고 목둘레에 천 개의 단추를 엮어 건 원숭이의 썩은 내가 진동하는 똥으로 뒤발을 한 사제의 제의 같은 펄럭이는 깃발의 이 빠진 입을 덮은 커튼 정중앙에 꽂힌 오렌지 꽃줄기를 꿰뚫은 바늘 같은 벌레가 쏠아먹은 자유 의지의 등에 이름이 적힌 늙은 거지 여인의 거미줄로 만든 셔츠의 찢긴 자리를 거울에 비추며 후회를 한다

성벽 위의 병사들에게 귀여운 슈크림을 먹지 말라는 명령이 떨어지자 지루해진 그들은 두 발을 모으고 혹시나 적들이 나타나지 않을까 혹시나 나팔수들이 화가 난 짐승의 털에 매달려 절을 하는 무리들을 기름에 튀기고 싶은 욕망으로 교태를 부리는 소리를 내지 않을까 목둘레에 천 개의 단추를 엮어 건 원숭이의 똥으로 뒤발을 한 썩은 내가 진동하는 사제의 제의 같은 깃발의 이 빠진 입의 화살의 눈 속의

마늘과 양파와 토마토 냄새 속으로 뛰어들며 초소 안에서 차렷 소리에 귀를 기울일 뿐이다 빗발치는 사격 그리고 뼈가 으스러질 정도로 오싹한 장군들의 명령 타임 향에 들러붙은 귀 탄막사격 그리고 포탄 성벽 위에서 그의 발목으로 수직으로 떨어지게 내리치는 회초리 그리고 어떤 슬픈 남자가 구걸을 하며 목둘레에 천 개의 단추를 엮어 건 원숭이의 썩은 내가 진동하는 사제의 제의 위에 피를 흘리는 똥으로 뒤발을 한 깃발의 털로 채워진 이빨 빠진 입 위에 꽂힌 오렌지 꽃의 애무에 불행해진 새벽에 처형대에 묶인 죄수를 끄집어낸다

한밤중에 손바닥 위에 성벽 위에 서 있는 병사들에게 선체와 화물을 송두리째 빼앗긴 해적들의 기름진 수프와 귀여운 슈크림에서 눈을 떼지 말라는 명령이 내려지자 지루해진 그들은 혹시나 적들이 나타나지 않을까 혹시나 난간에 선 나팔수들이 화가 난 짐승의 털에 매달려 절을 하는 무리들을 기름에 튀기고 싶은 욕망으로 교태를 부리는 소리를 내지 않을까 수탉의 노래 두 발을 모으고 목둘레에 천 개의 단추를 엮어 건 원숭이의 똥으로 뒤발을 한 썩은 내를 풍기는 사제의 제의 같은 깃발의 이 빠진 입의 화살의 눈의 양파와 토마토를 곁들여 튀긴 마늘의 장미 향기 속으로 뛰어들며 초소 안에서 차렷 소리에 귀를 기울일 뿐이다 빗발치는 사격 그리고 뼈가 으스러질 정도로 오싹한 장군들의 명령 타임 향에 들러붙은 귀 탄막사격 그리고 포탄 미로 속에서 그의 발목으로 수직으로 떨어지게 내리치는 회초리 그리고 어떤 슬픈 남자가 구걸을 하며 목둘레에 천 개의 단추를 엮어 건 원숭이의 썩은 내가 진동하는 사제의 제의 위에 피를 흘리는 똥으로 뒤발을 한 깃발의 털로 채워진 이빨 빠진 입 위에 꽂힌 오렌지 꽃의 애무에 불행해진 새벽에 처형대에 묶인 죄수를 끄집어낸다 철심봉의 시선에 휘파람을 부는 만드라고라를 들고 온 손들의 외침

[1937년 7월 5-24일]

1937년 7월 5일

날개 비탄에 잠긴 돛단배의 돛대에 고정된 철심봉에 던져진 파란색 속에 빠진 탱크 황금빛으로 치장한 꽃 낡은 신문으로 싼 장미의 배설물을 그의 손 안에 든 소중한 현재의 환희의 불꽃처럼 붉은 가랑비 익살 농담 오른쪽 뺨 한가운데를 몽둥이로 한 대 치기 고함소리들 창백한 꽃줄 장식을 한 오렌지 소매 위의 별들 그의 블라우스의 라일락 탄식의 찬양 차가운 선으로 재단된 소매 없는 망토에 갇힌 블라우스의 아몬드빛 초록이 반수상태에 빠지다 편하고 쉬운 진홍빛 무지개빛 돌로 만든 입술의 하늘색 주변의 욕망 말리려 펼쳐놓은 도취한 햇빛 강렬한 이미지 벙어리 연보랏빛 사랑 거울 속에 충격에 의해 생긴 별 그의 고통의 땅색 안에 그의 슬픈 드레스 조각들을 질질 끌고 다니는 연노랑이 우유에 녹은 하늘에서 떨어지다 방울방울 파란 우단 속에 그의 손가락들을 적시는 빨강 물이 동그란 레몬 위에 똑똑 떨어지다 아주 따뜻한 곳에 부드러운 나비 날개의 변덕 아직 새끼를 낳지 않은 검은 암소 눈 즐거운 비둘기의 목 아주 간교한 사람 무릎 꿇은 장미나무 손으로 땅을 짚고 뱅글뱅글 도는 재주를 부리다가 공포에

질려 죽은 사람

1937년 7월 6일

그래서 대포들은 보급선들의 단단하게 엉겨 붙은 크림에 손가락들을 담그면서 치즈더미에 묶인 속사포 위에 올라갔다 그리고 여과기들 위에 쌓인 개 짖는 소리들 그리고 향을 피우고 사전에 벤진에 담가두었던 낡은 천들을 태우다 그리고 육군 중위가 자기 부하들에게 적이 얼굴을 드러내지 않는 순간에 앞으로 가라고 말하다 우리가 소금물에 넣은 국기들은 기상 시간을 기다릴 수 있다 합쳐진 손들과 뜨거운 곳에 놓인 발들 여장군은 잠들고 그녀의 딸은 밖에서 청소를 하다 바위들 병풍 안에서 목욕을 하는 군인들 정면 성벽 위에 뚫은 총안들 기다림은 고통스럽기만 하고 포도들과 오디들의 4분의 1들이 상처에 바르는 고약을 만들다 설탕에 절인 과일들이 잔뜩 달린 나무 점심시간에 멈추어선 자명종 시계 첫 복무의 좋은 총 대포를 닭 똥구멍처럼 입에 가득 쑤셔넣고 불에 구운 시체를 가져오다 돌들에 달라붙은 꽁꽁 언 손들 커튼들 위에 걸린 극도의 불안에 떠는 가구들 밑에 먼지를 조사하는 코 겨드랑이와 맨발의 부드러운 냄새가 그의 날개들로 창조한 유화를 뒤덮는 해초들의 선들 안에 그의 그림을 섞다 짤막한 외투의 안감 속에 사랑 쿠션이 시체들에게 인상을 쓰다 판암의 커다란 못들의 끝들이 전투 주제의 끝으로부터 유화 위에서 이를 닦으면서 그의 노래를 서서히 침묵 속에 들이밀다 갑자기 잠에서 깨어 여인들이 군인들에게 그녀들의 젖가슴들 수를 세게 한다 그리고 해변에 쌓인 오물들 중의 오물들 탱크와 오물 포탄으로 마비된 보병

들의 사지들 야만의 파이프오르간이 장미 위에 설사를 하다 귀부인
으로 가장한 사제의 신부 드레스에 부는 바람들 메뚜기가 북 위에서
팔짝 뛰고 그의 손톱들을 요리사용 실에 끼워 넣다 예절의 솜 칼 장
막을 여는 예고가 들보들을 녹아내리게 하고 파도들을 정지시키고
잠든 침대에서 나팔을 불다 그리고 자고의 새끼가 뱃머리에서 브랜
디 잔을 깨뜨리다

1937년 7월 12일

끝과 끝을 맞추어 선 슬픔으로 죽은 시체들 튀김가루가 자신의 블라
우스를 망가뜨리며 치즈의 제단 앞에 지나치게 격식을 차려 인사한
다 단추들에게 그녀의 생각들을 털어놓으면서 지휘관의 딸이 경례
대신 망가진 못 수프를 담금질하며 돌돌 말린 독사의 똬리를 푼다
＊포도주 메뉴가 다른 곳에 목매달아 죽으러 가라는 장난으로 하는
통고를 받으리라는 위험을 느끼고 발끝으로 일어선다 그리고 풍경
의 등을 손으로 쓰다듬어도 밤의 이빨들 위에 구워져 가는 축제에 활
기를 불러일으키지 못한다＊입 안에는 에클레르 맛이 그리고 죽어
가는 염소의 눈에서 펄럭이는 국기의 손가락들 끝에서 나는 겨드랑
이 냄새＊뒤집어진 손톱들 얇디얇은 종잇조각이 땅바닥 위에 펼쳐
진 석쇠 끝에서 그의 노래를 다시 반복한다 관리인 초소에 붙은 사형
집행 말뚝 뒤에 겹쳐진 손들＊그러나 트루레투들과 멀리서 들려오
는 빵 플루트 소리와 레 라 오 라여 얼간이 중의 얼간이 돌차기놀이
를 하는 어린아이들 그리고 열쇠구멍에 달라붙은 새들의 절망적인
외침들 이 얼마나 참혹한가 이 얼마나 비참한가 그리고 뼛속에 파고

드는 무서운 추위와 거기 진동하는 이 혐오스런 냄새여*어깨를 찢는 칼의 유리를 생생하게 느끼면서 알로에의 맛이 그의 귀에 대고 몸을 뒤집으라고 속삭인다 그리고 병영의 문에 걸어놓은 백합들의 회랑의 대나무 줄기들에 찢긴 그의 인형의 웃음소리들 대단한 선물 대단한 거짓말은 향연에 참가하지 않고 파도들 위에 펼쳐진 침대보들에 못 박힌 발코니에 걸어놓은 줄에서 추는 춤들과 사랑에 열린 그의 목 안에 와인의 환희의 불꽃을 피우지 않는다*그러나 작은 배는 너울대는 화염 위에 쌓이는 눈송이들에 붙은 파랑의 심연에 매달릴 공포에 덜덜 떨며 도착하는구나 그리고 담비와 자고새 새끼의 빈 새장과 줄사다리와 담배들에서 떨어지는 재와 마늘이 잔뜩 든 모르타르가 기름이 엮여서 횃불로 합쳐져 불태울 것이다*기묘한 주연 밤이 조각을 내는 기묘한 축제 그네*권태 꽃줄 장식의 권태 그리고 자바 섬 사람의 점잖지 못한 애무들은 그녀의 실크 스타킹들 속에 찢어진 고통의 깊이를 결코 메우지 못할 것이다*고요도 시간도 모든 욕망들도 찌꺼기들도 모든 잎들의 떨림의 빛들을 드러내지 못할 것이다

[1937년 7월] 17일

그리고 나중에 천장에서 떨어진 기퓌르(옮긴이 : 짠 부분이 보이지 않고 모양과 모양을 이어 맞춘 두터운 레이스)들의 추락 그리고 비늘들로 가득 찬 꽃병에 떨어진 별들의 참으로 무미건조한 냄새 그리고 참으로 조용하고 참으로 가정교육을 잘 받고 참으로 친절한 훈제 베이컨 타르에 얼룩진 법의 안에 두려움에 질려 죽은 그들의 매력 검 주둥이에 놓인 손 괘종시계에 고정된 시간들에서 떨어진 시각에도 불구하고 일천

삼백오십한 번 미소를 짓고 수많은 숭배와 은총을 베풀며 칼날 위에 달라붙은 입술들 그리고 역마차 바퀴들 밑에 치인 사랑 앞에 그들을 계속 뒤따르는 눈물들은 거울에 핀으로 꽂힌 시선들의 매듭을 풀지 못한다 생명의 나무는 상처의 터진 틈에 의한 시선과 그의 조개껍질 안에 눈살을 찌푸리다

1937년 7월 19일

식사 준비가 다 된 식탁 위에 차려진 죄 없는 사람들의 무도회 그리고 딱딱한 빵 껍질 가장자리에 드리운 끈을 타고 오르는 씁쓸한 오렌지 주스에 뜬 거품을 단 일초도 걷지 말아요 만일 체리가 가득 담긴 접시 위에 닻을 내린 작은 배들 위에 떠 있는 올이 고운 천 조각들의 물결 그리고 나무 둥치를 치는 손들의 부름에 그의 블라우스의 등에 난 길들의 모퉁이에 자신의 그림자를 숨기는 밀가루 사랑의 말들 가운데 하얗게 달구어진 그의 비밀들이 해초들 가운데를 전속력으로 달리는 모든 풍경 그리고 호명 소리들이 아름다운 이빨로 입관한 그림에서 뽑아낸 창자를 찢어 욕망과 갈망의 액자 속에 담아 강변에 널어 말린다 풀을 뜯는 양떼는 온순하게 실을 지어요 몰약 엑기스도 까치밥나무 열매들로 만든 연고도 구운 정어리들도 새들의 노래도 플루트도 아닌 오직 거울들 속에 자신을 비추어보는 별들의 스펙트럼의 냄새만이 얽히고설킨 선들을 풀 생각을 하도록 허락받을 수 있으니까요 죽음을 예고하는 이 희극의 주제가 빛을 비추어 인생의 하수가 흘러드는 심연의 가장자리에 그의 손톱들을 매다는 그림자의 벽면의 일부를 설명해주네요 만일 우연히 장미나무가 벌거벗은 그의

얼굴에 침을 뱉는다면 은총의 옴이 그의 더러운 배설물을 숨겨주련만 보물 따먹기 기둥 끝에 매달린 약간의 희망

생쥐처럼 테이블 밑에 있는 아가씨가 놓은 테이블 위에 있는 흰족제비가 달리고 그의 발톱에다가 격분하여 침을 흘리면서 필통의 등에 대고 제 깃털들을 윤기낸다 그리고 길거리들의 기마 퍼레이드 격언 위에 아주 작은 격언의 씨에 다리들 안에 수천 리를 지니고 깡충깡충 뛰기들 점프뛰기 춤을 추면서 갈고리들을 정신없게 만들다 그리고 극히 완벽한 강경증(옮긴이 : 카탈렙시, 죽은 것처럼 보이는 상태) 그러나 젊은이 제게 말해보세요 클레마티트(옮긴이 : 참으아리속 식물)들 한가운데 숲속에서 바다에 태양이 지는 석양 무렵에 방귀들 냄새를 깊이 연구해 보셨나요 심사숙고도 해 보고 당신네 아버지들의 소화물들을 핥아도 보셨나요 그리고 콜로신트(옮긴이 : 식물명)들의 내면에 경종을 울리면서 심금을 울리는 색채들의 아름다움에 반해 뒤로 나자빠져 보지는 않으셨나요 당신 비밀을 지키지 말라고 제게 말씀해보세요 그것은 우리의 것이에요 그리고 당신이 그것을 우리에게 주셔야 해요 그것을 아주 조심스럽게 당신이 내려놓으세요 그렇게 서서히 처형용 기둥에 기대어놓고 당신을 총살할 것입니다 그리고 당신에게 아주 신선한 마카롱 과자 열두 개를 줄 것입니다 더 이상 움직이지 마세요 당신은 불사신입니다 그는 더 이상 버틸 수 없습니다 더 이상은 그리고 주요한 사실들에 대해서만 당신에게 말하고 싶습니다 그리고 만일 오늘 오후에 절망하고 귀에 거슬리는 소리를 낸다면 그리고 만일 천둥치는 심한 비바람소리에 의해 변질된 시간이 그의 사발 안에 악취를 풍긴다면

1937년 7월 20일

그리고 환희의 사분의 일의 삼분의 일은 우리를 슬프게 하고 그리고 감미로움 그리고 뺨에 댄 가슴의 깃털들에 달라붙은 송진의 무게

1937년 7월 24일

청년들 용기를 내 포동포동한 새끼 돼지 우유부단한 사람 구체적인 사실들과 고기 찜과 소의 위장과 태양들의 꽃다발의 거품에서 나온 창자들은 늪에서 수영하는 반쯤 타다 만 걸레들에게 그의 빚들을 절대로 청산하지 않을 것이다―구름들을 뒤덮는 털 깊숙이 수직으로 떨어진 벌레 먹은 하프 줄들을 당기는 수백하고도 수천의 몇 천하고도 천 몇 백하고도 몇 백 그리고 상복을 입은 밀알들 위에 날개를 치며 죽어가는 나팔수 소리의 산호 가지에 매달려 표류하는 옷감 끝단 색깔의 날카로운 소리에 사태의 맥락을 자르는 모퉁이들
벌린 주둥이 위에 걸터앉은 그의 기도들로 구멍 뚫린 의자에 그의 모든 식초를 들이부으면서 생살을 벗기는 수학처럼 정확한 수술 장롱문의 검은 중심부에 얼어붙은 손가락들 사이에 터지는 물집들의 계속 되풀이된 강한 타격에 희생당하고 주어진 선실들의 파란 줄무늬가 간 벌통의 중앙을 맞추러 날아드는 화살의 떨림에 빗나간 농업에 종사하는 장미 만일 전쟁터의 저녁시간에 콧구멍들이 음악을 받아들인다면 단순한 진실의 그림자를 암시적으로 표현한 이미지처럼 보일 수 있는 것에 대한 의심을 할 뿐 그리고 그것을 둘러싼 썩은 냄새는 먼지 속에 시선을 남길 뿐 자국을 남기지 않는다 소리의 음조의

사분의 일의 끝만을 알아들을 수 있도록 하고 그것을 은폐하는 베일이 부풀다 더욱 간단한 기계 남의 웃음거리가 그의 가장 강렬한 색채를 채색하고 그의 숨통을 조이는 농담을 마음대로 만들어대는 빈 조개 그의 발자국들에 자신을 묶는 아라베스크 모양들로 그것을 연결하는 괘종시계들에 그것을 둘러싸주는 아마포 소금물에 담근 일종의 설탕조각 분갑 거울 위에 구운 청어

무젱 그 망망한 수평선
1937년 9월 12일

방파제 끝에서 산책
카지노 뒤에서
콘에 담긴 똥 튀김을 먹으면서 아주 점잖게
반바지를 벗는 아주 단정하게 차려 입은 신사가
바다의
아가리에
올리브 씨들을
우아하게 뱉는다
무대를 빛내는
욕설 끝에
익어가는 국기의
끈에 제 기도문들을
실로 엮어가며
음악은 제 주둥이를
투기장 입구에 감추고
말벌들의 간부로부터

제 공포의
못을 뽑는다
벌린 다리들
부채는
닻 위에서
제 밀랍을 만든다

1938년 1월 10일

살금살금 다가오는 봄에게 정성껏 버터를 바르게 하라 그들의 대변 냄새가 밴 경계 벽을 뒤덮은 장미들의 소변에 담근 천의 늘어진 자락의 약한 불에 제 빛을 굽는 작은 상자 위에 제 주먹을 떨어뜨린 하늘을 떠받치는 크고 두꺼운 널판들에 네 귀퉁이가 못 박혀 매달려 있는 태양의 등 위를 진주로 장식하는 매서운 추위 언저리 그의 눈에서 스며 나오는 사랑 벌집 위에 고정된 트럭들이 박힌 자리가 부식된 바위의 크리스털 가면의 뻣뻣한 줄을 끊으면서 번민[1]의 신음소리와 함께 우스꽝스러운 봉투를 찢으면서 이로 뒤덮인 나무 향내의 그늘 위에 세심하게 그림을 그리면서 그의 목의 금갈색 보물 따먹기 기둥 끝에 걸어놓은 작은 기에 매달린 제 이미지를 닮은 연보랏빛 침대보 밑에 몸을 말리려 드러누운 소녀의 나신을 갈기갈기 찢으면서 돌로 된 홍예문으로부터 연추의 가시덤불이 뜨개질을 한다 심장 지중해의 바위로 둘러싸인 작은 만 언덕 종이쪽지 척도 냄새 나선형으로 둘러싸는 강 단어가 잠자다 종이 위에 미끄러지는 램프의 독설 민첩한 저울의 대

---

1) 원문에는 복수

[1938년 2월 2-7일]

38년 2월 2일

감미롭고도
조용한
밧줄에 목을 매었지
마편초를 활짝 피우는
유연한 팔들이
땀방울을 튀기네
거울에 비친 이미지들이 문을 두드리며
관자놀이에 딱 붙어
쏟아지는 빛에
위험을 알리네
비둘기들의 베일에
무지갯빛의 체취를 감추며
때마침 도착한
숯장사의 셈을 헷갈리게 만들며

38년 2월 2-7일

감미롭고 (삐뚤어진 그림이 손가락을 구부리고 제 이로 잇몸에 피가 날 때까지 물어뜯기 때문)
조용한 (그녀가 그 밧줄 끝에 균형을 잘 잡고 매달려 그의 볼기를 내려치며 촛불 불꽃에 늘어뜨린 다 타버린 시계의 숫자판을 발가락 사이에 넣고 간질이기 때문)
밧줄에 목을 매었지 (매달렸다 함은 그의 손가락들이 파랑 노랑 초록 보라 빛줄기이기 때문)
마편초를 활짝 피우는 (연속적으로 폭음을 내는 불 위에 얹은 접시 포크 숟가락 행주들의 요란한 행진 그리고 간수의 먼지투성이 손을 물며 수레 안에 내던지기)
유연한 팔들이 (이것은 입에서 막 나온 그리고 베게 밑에 맴도는 노래를 탈지면에 싸려는 마음이 없음에 이미 취한 단어의 팔)
땀방울을 튀기네 (실연과 부채의 백단향 약간을 말하려 함이다)
거울에 비친 이미지들이 문을 두드리며(흔히들 말하듯이 애매모호한)
관자놀이에 딱 붙어(식당 식탁 위에 놓인 이미 죽어버린 귤들이 담긴 바구니가 망가뜨린 덧창을 통해 들어오는 빛)
쏟아지는 빛에 (신부 드레스 자락에 붙인 우표보다 작은 137.840과 같음)
위험을 알리네 (나는 벽돌 벽의 벽돌을 흉내내어 붉은색으로 칠한 암송아지들이 끄는 야채장수의 손수레를 상상한다)

비둘기들의 베일에(헛되이 죽어 땅에 묻혀 시체들의 구더기를 먹는 시민들의 무기들)

무지갯빛의 체취를 감추며(생각의 순서 천정에서 떨어지는 배의 용골에 붙은 [이성]을 떼어놓으려 도착한 자동차의 전조등 불빛에 눈이 먼 숯 냄새 그리고 안락의자 위에 던져둔 빨래 위에 뜨겁게 차려놓은)

때마침 도착한 (로또 복권의 당첨번호를 큰 소리로 읽기)

숯장사의 셈을 헷갈리게 만들며 (저 멀리 시골에서 독사에게 물린 어린 소녀 세 명의 비명이 들려온다)

1938년 2월 6일

제 살 속에 박힌 태양의 턱의 치아들에 둘러싸여 촛대들로 지탱되는 물이 가득 찬 사각의 경기장이 그의 털들을 떨게 만들고 절규의 중심을 회피하면서 동심원들의 움직임에 이중 핀들로 고정되어 둘이서 다투면서 그를 가로지르고 그의 뜬 눈에 피가 흐르게 하는 검의 돛대에 고정된 나팔수의 독설의 우박의 천장에 달라붙은 점심식사 후에 벌써 얼룩이 잔뜩 진 구겨진 테이블보 위에 떨어진 재를 털다 검게 가려진 북의 팽팽하게 당겨진 가죽 흙으로 가득 찬 입들 손톱들 날개들 이를 잡는 비둘기들 꽃핀 장미나무의 덮개에 매우 늦은 고백 그것을 표현하는 대리석 조각 해변 복장으로 일어서서 화장실 쪽 출구를 가리키느라 뻗은 팔 남성들은 10상팀 여성들은 1 340 더 많은 등록비들 그리고 얼음 덩어리 안에 용해된 상처 난 암말의 열린 배 안에 비교연구를 완벽하게 흉내내는 그의 손 안에 꽃병을 들고 들어 올린 팔들 벗은 상반신을 사진 찍힌 바 있는 안주인에게 돈을 지불한 점심 그리고 방귀냄새 지독한 커튼들 밑에 수천 조각으로 망가진 안락의자의 등 위에 던져놓은 금빛 띤 적갈색 드레스 국기 게양대 끝에 아주 높이 걸린 심장들

1938년 2월 8일 [II]

[II] 장미 장미 장밋빛 마을 장미
　　푸른 장미 푸르스름한
　　통행금지도로 코너에
　　정지된 트럭에
　　칠해진 장밋빛 속에 더 먼저 용해된
　　차양으로 채광이 된 장미

배를 깔고 누운 조각배 위에 펼쳐진 머리칼들의 금갈색
그녀의 드레스에 꿰맨 강 전속력으로 들어오는 태양에 다친 팔이
테이블 위에 찍힌 나막신 자국을 알아보고 천장에 빛을 던진다
올리브색 마늘색
종려나무의 향유색 손 안에 천천히
장밋빛 여명을 방울방울 떨어뜨리는 하늘

더도 덜도 아니게 석회로 칠해지고 벽에 벽보가 나붙은 그녀의 드레스에 꿰매어져 강을 찢는 그림의 조각배 밑에 펼쳐진 머리칼들의 금갈색 나무딸기 침대 더도 덜도 아니게 테이블 다리에 펼쳐진 머리칼

들의 금갈색 밀랍을 녹이는 조각배 라일락빛 순면의 엎드린 몸 뒤집기들 귀의 장밋빛 의자가 천천히 그의 목을 조이는 손의 위치를 바꾼다 방의 왼쪽으로 자리를 바꾸기 그리고 반쯤 열린 문 색깔의 녹말 천장의 빛의 재를 아몬드 초록빛으로부터 코의 발을 지탱하는 그림자의 나막신의 환상을 그림의 주둥이 안에 던지기

[1938년 2월 12-19일]

38년 2월 12일

강가에서 자두나무 가지를 휘두르며 저 멀리 귀리 밭에서 노래하는 수탉의 날개가 남긴 자국 위에 정확하게 찍힌 이미지를 재현하는 대리석으로 만든 손에서 나온 등 위에 제 모습을 비추는 그늘이 드리운 수돗간 위에 쌓인 감자 껍질 위에 앉아 있는 두 마리 바퀴벌레를 약 올리는 아이의 모습을 본떠 밀랍 모양의 깃털 침대 위에 펼쳐놓은 내복 위에 흩어진 모래 알갱이 안에 박힌 이 오후의 소리 없는 빗방울이 남긴 정확한 이미지 푸른색 소파 왼쪽 팔걸이 아래 숨긴 잉크 접시 한 구석에 놓인 양초에 녹아내린 몸을 둥글게 말은 고양이의 초상화 위 커다란 흰 빵을 적시며 벼룩을 물며 나는 당신에게 이 모든 권태와 이 모든 기쁨을 말하지 않으리 노래들 그리고 사랑의 두려움 오슬레 놀이를 하며 굴렁쇠를 굴리며 줄타기 돌차기 놀이를 하며 술래잡기를 하며 칼 장난 숫자놀이를 하며 사다리를 오르는 바람 옴이 오른 늙은 태양은 몸을 떨며 꽁꽁 얼어붙어 장롱 아래에 숨어 상처를 핥는 눈으로 덮여 있네 내민 손은 삼백구십 삼백이십칠 미터의 면포 387 제로 250 그리고 삼백 기름에 절인 당근이 든 따뜻한 버터 빵보다 더 많은 자비를 요구하네 의자 여섯 개 찬장 한 개 식탁 하나 석탄 이집트 콩 기름기 없는 베이컨 북 하나 그의 젓가락 오래된 신문 붓 창자 일 미터 양동이 하나 철제 침대 하나 교수대 하나 사형집행인 상처 그리고 주인들과 예복을 입은 곱사등이 여인 개 한 마리 이를 찾는 늙은 여인 나무 한 그루 그리고 전투지를 방불케 하는 부엌 한 가운데에 놓인 어마어마한 거울 하나 땀과 피로 뒤덮인 창을 들고 서로 공격을 하는 기사 두 명 또 한 명 죽어 바닥에 넘어진 상처 입은 그의 말 그리고 밀랍을 칠한 식탁을 손으로 때리는 군중 식탁 위에 쏟아진 포도주는 창유리에 붙어 아이들의 끊임없는 외침을 완전히 덮은 옷으로 만든 늑대 덫에 떨어진 빛의 손톱을 깨뜨리는 나무 마루 위로 흘러내리고

38년 2월 19일

그리고 구도에 의해 잘려나간 역청으로 칠해진 조각배의 주변에 한 달 그리고 몇 년 며칠 그리고 몇 시간 더 하거나 덜 한 동안에 일어난 사건의 진상들의 상세한 묘사 그리고 모든 마늘 소스들 그리고 고추가 든 마시멜로에 그리고 닫힌 차양 덧문들 틈 사이로 흐르면서 구름들 위에 말리려 펼쳐놓은 이 하늘의 손수건 끝자락들을 태우면서 오늘 아침의 바람의 벗은 나무기둥 위에 짧게 끊는 애무들 그의 혀의 일격들로 끈적끈적한 것으로 더럽혀지며 아연실색한 빛의 마요네즈 소스 넣은 달팽이들 귀가 밝아 잠을 깬 기지개를 켜는 가구들 위의 행복 열매들을 맺게 하는 꽃잎들을 뒤덮는 가지들을 밀치면서 그들을 싹틔우는 종 모양의 꽃들 유리창을 두드리는 동아줄의 아주 살을

에는 듯한 바람으로 펼쳐진 부채의 그림자 위에 숨은 우유 단지를 암살하면서 무지개빛들에 의해서 열린 상처가 다시 아무는 향기 약의 은화들을 무는 독살스러운 새들 찔린 레몬 위에 꽂힌 하늘빛 삼각자 위에 커튼들의 프랑스 자수의 미약으로부터 방울방울 떨어지고 불태우는 액체 수탉의 노래의 경적에 의해 구멍 뚫린 윙윙거리는 벌들의 거대한 부드러운 층들 수천삼백구십 불꽃들과 색채들의 백 가지 두루마리 땅바닥에 고정된 시선 그러나 누운 채로 계세요 귀를 기울이세요 당신은 무언가를 얻기 전에는 떠나지 않을 것입니다 더 이상한 마디도 하지 마세요 그리고 이 춤의 스텝을 세어보세요 당신은 즐기셔야만 합니다 명랑하시기 바랍니다 정말로 당신을 웃기기 위해서 당신 배를 간지럽혀드려야만 하겠습니까 만일 당신이 내장들을 좋아하지 않으신다면 당신에게 아몬드 물에 헹구고 껍질을 잘 벗긴 항문의 가시들을 드릴 것입니다 약간의 전분 버터 후추 소금 약간 마른 무화과 네 개 기름기를 잘 제거한 베이컨 4분의 1 조각 에샬로트 (옮긴이 : 프랑스 요리에 양념으로 많이 쓰이는 쪽파 모양으로 생긴 양파류의 식물) 들 순대 오징어 뼈 하나 코르크 숯 한 자루 멜론 두 개를 집어넣으세요 그리고 한 시골 양로원에서 받은 상장을 약한 불에 끓이십시오 커다란 망치로 그 위를 내리치십시오 그리고 둘레에 한 시간 동안 소변을 보십시오 그에게 탄식할 시간을 주지 마십시오 딱딱한 빵껍질을 넣으십시오 그리고 피가 나도록 피부를 긁으십시오 그리고 얼어붙은 말총 장갑들 위에 몰아치는 지독한 날씨로 말미암아 반쯤 차가워진 음식을 대접하세요

1938년 3월 1일

하늘색 끝에 불타오르는 설탕가루의 꿀단지의 한랭사(옮긴이 : 寒冷紗, 직물의 일종) 안에 숨겨진 부채 소리에 맞닿아 펼쳐진 그림자의 주름살들 무리의 끈을 꿰기 위한 구멍을 그의 내민 손 위에 그리면서 문을 두드리는 태양의 검은 광선 닫힌 차양 덧문 안에 스며드는 태양의 등 위에 꽂혀 떨리는 칼들의 건반의 바이스 안에 갇힌 거울을 닦는 비둘기들의 비상하는 부드러운 아몬드 우유 바다가 코발트색으로 푸르스름한 때

1938년 3월 9일

Ⅰ
거울을 가볍게 흔들고 작은 까마귀에 얼룩무늬를 새기기
속치마 아칸더스(옮긴이 : 프랑스 남부 지방에서 재배하는 톱니 모양의 잎을 가진 관상식물) 딜레마 요새
콧잔등 유방 주머니쥐

Ⅱ
볼 위의 배 납작
엎드린 태양으로부터 도달하는 등의 불꽃들 위에
넓게 퍼진 얼음의 벗은 다리

Ⅲ
바퀴의 살들 캐러멜의
달콤함에 비례하는 유리잔 속에
가려움증으로 찌푸린 얼굴의 심연 끝에 그린
작은 들꽃 장미와 검은 반점으로 얼룩진 접시꽃

IV
피로 노란 레몬을 뒤덮으며
오렌지 더미의 푸른 홑이불 밑에서
새들로 가득 찬 트럭에서 흘러내리며

1938년 3월 26일

아칸더스 잎 위에 펜으로 상세히 묘사된 식료품 가게 연꽃잎이 달린 커다란 나무의 각 이파리로 만든 기록장에 보라색 잉크로 그려져 있다 봄철 내내 모두에게 열려 있는 돈주머니를 여미는 끈의 탄생으로 무대를 가린 커튼 자락 바람에 옷단이 풀리고 커다란 책에 이름이 기록된다 정원에 심은 나무들의 가지에 달린 이파리에 아무런 이유 없이 날아든 따귀를 기념하기 위해 열린 장엄한 가든파티의 옷을 뒤덮은 엄청난 양의 오물로 대작을 상연하는 극장 무대 위에는 대소동이 일어나고 닫힌 덧창 찢어진 커튼 사이로 궁둥이를 내보이며 바이스에 끼인 양 넓적다리의 오래된 뼈에서 나온 설탕 부스러기를 훔치며 찬장 왼쪽 벽의 왼쪽 어깨를 덮으며 인물 II의 왼손 손가락들이 모형 말의 이빨을 뽑을 때 크랭크 주위에 찔러 넣은 선원복에서 빠져나온 목 그의 웃음과 비명을 덮은 돗자리 안에 장황하게 펼쳐진 커다란 식탁을 부술 정도로 벌어진 각도로 놓인 단도 끝으로 떨어지는 태양의 반점을 써는 톱의 심장이 규칙적으로 뛴다 겨자 단지들이 미어터질 듯 가득찬 방 네 구석에 네 발로 달려 있는 천정 모형도 위에 고정된 그림자의 기둥 뒤에서 손톱을 물어뜯는 인물 I과 인물 II의 지혜로움으로 병에 담긴 색깔 실로 매달린 램프 주위를 맴도는 연에 달라붙은 달콤하고 씁쓸한 말들 거울 위에 '나의 팔로마'를 연주하는 오케스트라의 살짝 열린 문의 다림추 위를 빠른 속도로 날아가는 물총새를 그린다 그리고 나는 시즌 395를 위해 아주 조촐한 가구들을 놓았을 뿐이지만 몇 세기 전부터 잔디 위에서 썩어가고 있는 배를 가른 말의 내장이 내다보이는 아름다운 전망을 가진 식당으로 쓰이는 네모난 큰 방을 계속 빌려 쓰고 있고 관리인에게 청소비와 대차대조표를 주고 있다 상속받은 처음 십오일 동안 소유권이 있는 조각상들 그리고 튤립 모양의 평면 그리고 갑자기 일어선 인물 II가 노래를 하자 인물 I이 반주를 하며 신발 뒤축으로 땅바닥을 친다 그가 노래를 한다 나는 열기구의 모래를 채우고 싶은 욕구가 거의 없는 마음을 상세하게 묘사한다 그에게 둥지를 하나 만들어주고 그 위에 오줌을 누고 물이 괸 곳에 불을 놓는다 오물로 가득한 커다란 배 아주 시적인 별 오래된 오줌이 그득한 커다란 양동이 안에서 초승달이 달에게 절규한다 이 모든 것을 이야기하는 목소리는 아주 부드럽고 무대 뒤 분장실 옆에 서서 잠든 관중들 앞에서 아주 공손하게 절을 하는 목소리 푸른 물방울 하나가 미량의 알코올에 빠드린 거짓말을 공개적으로 늘어놓는다 오렌지색의 작은 만이 시큼한 장미색을 침범한다 그의 손가락이 날개가 찢겨나간 새들이 떨어져 내릴 위험을 쫓고 그리고 장롱 거울을 죽을 지경으로 기울여 놓는다 나는 납득이 가 라고 인물 II가 말한다 좀 더 정확하게 말해줘 부탁이야 라고 인물 I이 말한다 인물 II는 왼손 등으로 입을 훔치며 다리우스라고 말한다 삼월 80일 알코이에 살았던 무젱 출신 위대한 철학자라고 인물 I이 말한다 07년 구십이라고 인물 II가 말한다 Q에 의해 Q가 증명되었어 라고 인물 I이 말한다 현명한 사람들은 그들의 소굴에서 나온 신들과 강들을 이해할 수 없을 거야 라고 인물 II가 말한다 만일 빛이 가로등이 된다면

이라고 인물 I이 말한다 그럼 식이요법을 시작하겠지 라고 인물 II가 말한다 소금과 포도주라고 인물 I이 말한다 그럼 태양의 열기는 바다 한가운데에서 천 년 동안 곰팡이가 슬겠네 라고 인물 II가 말한다 예언의 능력이 사라지겠지 여기 증거가 있어 라고 인물 I이 말한다 분쇄된 숫자 3과 389가 등에 등을 맞대고 가로가 되어 익고 또 익어 압연기를 통과해 다진 고기 메뉴가 되는 거야 라고 인물 I과 인물 II가 동시에 말을 한다 무게가 정확해질 거야

1938년 4월 2일

그 때 하늘 위에 방의 문을 만든 물집이 터져 벽들과 천장 위에 그의 눈물의 꽃들의 수의를 덮는 흰색이 주는 영향에 매인 유리잔 속에 사슬들의 두 고리 위에 군악병을 퍼뜨린다 늦게 울리는 시간 그들의 소스를 뿌려 익힌 강철 채소들로 둘러싸인 새 양복의 구운 세일러 칼라를 접대한 점심식사 수양버들은 설익은 힘줄에 관심을 보이고 얌전하게 양 손을 모은 알로에는 경기장의 경계를 살피며 차이점을 흡수하고 그림들을 빨아들이며 빛의 유희에 나뒹굴고 색깔들을 채찍으로 내리치고 이야기의 끝 끝부분의 우스꽝스러운 주제 중에서도 가장 이상한 면 밑으로 숨어버린다 모두에게 열린 문 밀집대형에서 들려오는 웃음소리들 그들의 그림자들의 교수대에 매달린 두 미천한 인물들 위에 걸터앉아 자리를 잡기 오필리아로 분장한 옷장의 목에까지 뛰어오르는 의자들 알을 품은 암탉이 모두 날아오르자 자명종을 울리는 레이스가 많이 떨어져나간 말려 올라간 속옷은 기름 위에 방울져 떨어지는 모습들을 손톱으로 할퀴는 거울 접힌 뱃살 안에 보금자리를 마련하려는 사물들 커다란 빵조각에 갇힌 별들 네모의 입 안에 그의 솜을 적셔가며 건물을 지탱하는 태양의 얼룩점 안에 잡힌 주름들 예상치 못한 시간에 열쇠 끝으로 매달아 펼쳐놓은 침대보 안을 더럽히는 라일락 신선한 버터 정어리들 무우들 멸치들 보라색 순면 침대보 오렌지의 푸른색 구두 굽에 짓밟힌 입맞춤들 손에 든 행복에 넘치는 꽃병 수천 개의 사과꽃이 꽂힌 벽지에 그려진 아몬드 초록과 연분홍의 줄무늬 그는 기절한다 그는 죽는다 그리고 기둥 주위를 맴돌며 노래하던 그가 식탁을 넘어가기 위해 창가로 간다 그리고 쪽마루 위에 쓰러져 죽는다 가동하기 시작하는 기계가 주제 주변을 맴돌고 고함을 질러 그를 전진하게 한다 흥분한 사람이 각 사물들에게서 시선을 떼지 않은 채 목록을 작성하여 분류하고 정리한다 그리고 공기 중에 떠도는 각 색깔에게 이름 번호 그리고 적절한 자리를 주며 묶고 가구들의 구석에 작은 불꽃을 당기고 찬장 모서리들 가장자리를 물망초로 두르고 푸른 잉크를 몇 양동이씩이나 위에서 아래로 바닥에 구석에 아무렇게나 뿌려대자 깜짝 놀라 잠이 깬 방은 앞으로 뛰어나가다가 인적 없는 거리에 떠도는 구름에 몸을 부딪친다 방의 나머지에는 불이 붙고 가구들은 숲의 정적을 깨는 봄의 분홍빛으로 덮인 불꽃 한가운데에서 비명을 지른다 나뭇가지와 꽃으로 옷을 입히고 껍질을 벗기고 비틀어 글이 쓰인 페이지의 바닥에서 벌떡 일어나 담뱃재로 아름다운 이빨로 더도 덜도 아니게 물어뜯는 숲

1938년 4월 28일

그 때 인물 I이 얼굴을 부풀리며 쑥 내민 그의 혀의 석판 위에 쓰인 문장을 토해낸다 이봐, 점심 먹을 생각을 해야지 시간이 늦었어 확성기 쪽으로 다가가는 잠두콩 항아리의 누드화를 그리며 접시에 담긴 음식의 구성을 고발해야 해 그리고 그 악취를 없애야만 하지 찬장 밑에 숨어 벼룩을 세는 착한 사마리아인의 귀들 무엇을 만들어 먹을까 못 수프 들보 한 쪽 먼지 둥지 아니면 차라리 은하수와 별들의 허드렛고기 몇 조각과 올챙이들 전갈들 거미들을 다 섞어 만든 오래된 잡탕으로 할까 나는 네가 너의 왕궁의 궁륭 아래 장미나무들의 손으로 꾹꾹 누른 알로에 과자의 달콤한 맛을 더 좋아한다는 것을 잘 알고 있어 그러나 원한다면 희생양들의 맛있는 구운 고기를 만들 수도 있어 싫어 라고 인물 II가 말한다 외출하자 레스토랑에 가자 아가씨가 드문드문 빠진 이빨 속에 심겨진 쏠은 잇몸이 녹도록 우리를 기다리고 있을 테니 그리고 고양이들을 데리고 가자 결국엔 고양이들을 재즈 음악의 흐름에 동화시킬 수 있는 우아한 방법을 찾아낼 수 있을 테니 가자 내가 태양이 네 몸을 옷에 고정시키려 네 양복저고리에 집어넣은 큰 못들을 얼른 없애줄게 그럼 넌 옷을 바꾸어 입을 수 있어 네 멋진 체스터 양복을 입을 수 있다고 그러나 인물 I은 방울방울 떨

어지는 불의 늪에 앉은 테이블 다리들에 몸을 감으면서 모란꽃다발을 번쩍 들어올린다

1938년 6월 9일

얇게 바른 희미해져가는 푸른색 버터 위에 얇게 펼쳐놓은 구운 빵 조각 위에서 장미가 큰 소리로 노래한다 쫙 벌린 다리 그림 속의 그림자는 노래를 둘러 자르며 들보에 걸어놓은 양귀비의 손가락 끝을 물어뜯으며 한껏 날아오른 받은 편지의 목을 쥔 흘러내리는 매듭을 푼다

1938년 6월 25일

달들의 동아줄 미미한 수박 냄새 속에 자신의 샌들에 매달린 제비들의 기름의 부채 헝클어진 그의 머리칼들의 활기찬 물이 플루트의 날개들을 흔드는 손의 숨결의 찌꺼기에 불을 붙인다

1938년 7월 2일

방울
방울
강인한
연한 청색이
장밋빛에
비례해서
아몬드 초록빛의
발톱들
사이에서
죽어간다

1938년 12월 9일 [II]

[II]   하늘빛 하늘빛 하늘빛 하늘빛 하늘빛 하늘빛 하늘빛 하늘빛
하늘빛 보랏빛 보랏빛 하늘빛 하늘빛 하늘빛 보랏빛
보랏빛 보랏빛 하늘빛 하늘빛 하늘빛 보랏빛 보랏빛 보랏빛
하늘빛 하늘빛 하늘빛 하늘빛 보랏빛 보랏빛
보랏빛 보랏빛 하늘빛 하늘빛 하늘빛 하늘빛 보랏빛 보랏빛
보랏빛 보랏빛 하늘빛 하늘빛 하늘빛 하늘빛
보랏빛 보랏빛 보랏빛 하늘빛 하늘빛 하늘빛 보랏빛 초록빛
하늘빛 하늘빛 하늘빛 하늘빛 초록빛 초록빛
하늘빛 하늘빛 하늘빛 하늘빛 검은빛 초록빛 초록빛 하늘빛
고동색 하늘빛 하늘빛 하늘빛 검은빛 검은빛 검은빛
검은빛 검은빛 하얀빛 하얀빛 검은빛 초록빛 고동색 하늘빛
하늘빛

밤이 호주머니 속에 손들을 감춘다 하늘빛 알로에 꽃 하늘빛 밧줄의 코발트 애독하는 책 하늘빛 심장 부채 보랏빛 하늘빛 야회복 제비꽃 다발 보랏빛 보랏빛 하늘빛 월석 하늘빛 검은빛 초록빛 하늘빛 고동색 불꽃놀이 꽃불바퀴 진주 하늘빛 검은빛 노란빛 초록빛 레몬나무

검은빛 가위 그림자 노란빛 눈 초록빛 고동색 브랜디를 잔뜩 넣은 크림 카나리아들의 비상 파란빛 초록빛 검은빛 늑대 하늘빛 하늘빛 하늘빛 노란빛 수놓인 속옷 초록빛 밤 하늘빛 유황 하얀빛 은쟁반 경작된 땅 하늘빛 하늘빛 하얀빛 하늘빛 하늘빛 하늘빛 하얀빛 하늘빛 하늘빛 하늘빛 하얀빛 하늘빛 하늘빛 하늘빛 하늘빛 하얀빛 하얀빛 하늘빛 파란빛 파란빛 파란빛 파란빛

1939년 12월 24일

I

청명한 창공 아래 쓰레기통이 밤하늘에 놓인 오물 반죽을 온몸에서 떼어낸다 그리고 생쥐구멍들을 통해 나뭇가지의 코에 놓인 가로등 하나하나에 불을 붙인다 그의 눈 속에서 노래하는 수탉의 얼굴을 장식하는 귓돌들 만일 웨딩드레스를 벗는 판암이 제 손톱으로 마구 휘갈기지 않는다면 입술로 애무하고 웃음으로 그녀의 머리를 손질하는 향유 그를 감싸는 렌즈콩들 외투의 가장자리들과 그의 염소수염 같은 턱수염을 비추는 거울

II

청명한 창공 아래 밤은 온몸에서 생쥐의 코 위에 놓인 가로등으로 밝혀진 하늘의 오물 반죽을 떼어낸다 장식용 귓돌 수탉의 노래 웨딩드레스를 벗고 웃음으로 칠판 위에 휘갈기며 손톱으로 그녀를 애무하고 염소수염으로 핥는 향유 만일 외투 깃이 그를 덮는 렌즈콩 요리가 그의 시선을 얼어붙게 만들지 않는다면

III

온몸이 텅 빈 밤 귓돌로 불을 붙인 하늘의 오물 반죽 렌즈콩의 외투 깃의 입술 위에 손톱을 박으며 웃음과 애무로 웨딩드레스의 염소수염을 벗기며 얼굴을 장식하는 향유의 손톱자국이 칠판 위에 마구 휘갈긴 수탉의 비명 독수리 거울 속에 포착된 시선

IV
수탉의 비명이 섞인 반죽 안에 입술을 박아 넣는 손톱으로 불을 붙인 귓돌의 텅 빈 하늘을 장식하는 향유 웃음을 애무를 참으며 칠판에 휘갈기며 거울에 포착된 시선의 면사포의 레이스 베일 가장자리에 수염을 깎으며 기적적으로 서 있는 정면 창문에 부딪는 호수로부터 떨어져나간 독수리들

V
기적적으로 서 있는 집의 겉면에 바른 슬레이트를 긁으며 애무의 웃음에 손톱을 박는 텅 빈 하늘에 밝혀진 가로등 39번 서류에 기재된 독수리의 침으로 만든 레이스가 대문자로 쓰여 있다 평점은 독수리 소시지

VI
39번 서류에 기재된 웃음에 담긴 하늘 밤을 침으로 덮는 집의 겉면 바람에 삐걱대는 차양 덧문을 등에 진 숯먼지로 뒤덮인 독수리 소시지

VII
촉감이 밀랍 덩어리 같은 웃음과 애무가 텅 빈 하늘의 텅 빈 밤 집의

터진 겉면이 한 구석에서 악취를 흠흠거린다 숯먼지는 침대보를 접고 창문에서 떨어져나간 덧창은 혼동하리만큼 독수리 모양이다

 VIII
웃음들과 애무들이 텅 빈 하늘의 밤의 허공의 꿀벌들의 뒤얽힘 웃음과 애무가 텅 빈 하늘의 텅 빈 밤에 얽히고설킨 꿀벌들＊집에서 찢어진 겉껍질이 한구석에서 제 악취를 가르랑거린다 집의 터진 겉면이 한 구석에서 악취를 흠흠거린다＊숯먼지가 침대보들을 닦는다＊창문에서 떨어진 차양 덧문은 혼동하리만큼 독수리 모양이다

 IX
애무와 웃음이 텅 빈 하늘의 허공에 얼어붙은 불꽃의 밀랍에 얽히고설켰던 꿀벌들이 풀리고 집의 터진 겉면은 한 구석에서 악취를 흠흠거리고 숯먼지는 침대보를 접고 창문에서 떨어져나간 덧창은 혼동하리만큼 독수리 모양이다

1939년 12월 25일 [I]

[I] 숯불이 독수리들의 밀랍으로 수놓인 침대보들을 접는다
　　웃음의 빗방울로 떨어지면서
　　옷장 서랍 맨 구석에서 집에서 떨어져 나온 껍질 위
　　텅 빈 하늘의 불꽃들의 얼어붙은 뒤엉킴이
　　그의 날개들을 토한다

　　허공에 잊혀진 창문에서 펄럭이는
　　하늘의 불꽃들에 얼어붙은
　　벌꿀에서 찢은 검은 침대보
　　집에서 찢긴 겉모습 위
　　서랍 맨 구석에서
　　독수리가 그의 날개들을 토한다

　　집에서 떨어져 나온 껍질 위
　　끝없는 허공 한가운데 잊혀진 창문에 펄럭이는
　　하늘의 얼어붙은 불꽃들로 찢긴 침대보의 검은 벌꿀
　　독수리가 그의 날개들을 토한다

허공의 막막한 중앙에 집에서 떨어져 나온 껍질 위
날개들을 토하는 독수리가 날아온
하늘의 불꽃들의 거울로 찢긴 검은 침대보의
꿀벌의 벗은 팔들이 창문에 부딪힌다

밤의 한가운데 잊혀진 창문이
불꽃들의 거울이 마구 뜯어먹은 검은 침대보를 흔든다
하늘의 벌꿀 위에 독수리가 그의 날개들을 토한다

우주 중앙에서 꼼짝을 않는
집에서 떨어져 나온 껍질이
제 창문에서 검은 침대보를 흔든다
거울들 속에 포착된 독수리가
하늘에 제 날개들을 토한다

제 날개들을 토하는 독수리가 날아온
하늘의 뺨 위에서 창문의 검은 침대보가 펄럭인다

집의 벽에서 치아들을 뽑은 창문이
램프불로 구운 파랑의 숯불 속에서 제 침대보를 흔든다
차양 덧문의 손톱들이
제 날개들 경쟁을 행운에 맡긴다

1939년 12월 28일

뺨의 꿀이 탬버린에서 방울방울 떨어진다 펼쳐지는 검은 침대보 위에서 삐걱대는 불타는 집 제 날개들을 토하는 독수리 벽은 창문인 척 희극을 연기하며 그림자의 은혜를 받으려 전속력으로 전진한다 미친 여자들처럼 큰 동작으로 마구 흔들리는 차양 덧문들

벽이 부름을 받고 달려나가 자신의 날개를 나부끼게 내버려두는 그림자에 꼭 달라붙는다 독수리의 몸을 지탱하는 두 차양 덧문이 그들의 희생물을 놓아주고 제 운명에 그를 내맡긴다 집이 하늘에 제 창자를 비운다

1939년 12월 31일

온 계곡을 울리는 거대한 종들 아래 번개가 느긋하게 잠이 든다

1940년 1월 4일

파랑을 똑똑 떨어뜨리는 맑은 쓸개즙 돌들 위에서 태양에 따뜻하게 데워지는 집 주위를 돌아 벽에 던져진 라일락 색깔 차양 덧문에서 초록을 우려내는 우유를 꽉 죄는 네모에 밀가루를 뿌리는 왕이 자신의 구좌를 정지시키고 껍질을 벗기고 새로 옷을 입힌 합의된 친절한 말 몇 마디 속에 정착한다 우승배 정확하기 그지없는 방법 솜털과 목을 딴 어린 양의 양모는 장미 향기를 뿌린 색채가 가한 채찍질에 부러진 날개들과 비슷함 제 손

가락들로부터 전속력으로 달아나는 몽유병환자 문과 창문에는 불 그리고 그것을 비추는 물 등짝에 아직도 눈에 잘 띄는 물린 상처 자국을 간직하고 있고 모든 결과에 모든 책임을 지는 접시꽃 위에 못박힌 장갑 철판들의 강철의 솜털

1940년 1월 5일

예쁜 얼굴 사랑하는 여인의 예쁜 얼굴조차도 인내심 게임에 불과하다 아주 감미로운 향수냄새 풍기는 머리칼들에 의해서 뽑힌 투시도들 위에 어떠한 희생을 치르더라도 설치해야 하는 시스템과 뒤죽박죽 섞인 수많은 자손을 예고하는 징조 영사기들의 색깔들이 제 손톱들과 제 곡선들로 얼어붙은 재들로 그림을 그려야 하는 장밋빛의 체온에 들어박혀서 피어나게 하는 오물더미인가 땅바닥으로부터 바싹 잘라 시들 수 없고 계절 내내 간직하는 우연 앞에 만일 그의 창문 커튼 뒤에서 간신히 알아볼만 한 뒤얽힘 속에 그의 치명적인 일격을 가하지 않는다면 무르익은 과일 따오기 새들의 다리의 연어 가식 없는 광적인 이성

1940년 1월 7일

주위에 분주히 움직이는 이미지들을 간직한 채 가장 빠른 속도로 축위를 돌지만 이미 색이 바랜 감광판 아직 꺾지는 않았으나 환생할 때마다 붙잡히도록 되어 있는 경이의 꽃다발 애벌레 중인 광선의 변덕에도 불구하고 이미 정리한 추억들이 전속력으로 끌고 가는 그의 벌거벗은 몸 전체를 피가 날 때까지 내리치며 환의의 불꽃으로 사방을 압박한 그들의 신원에 대해 아무런 의심도 남기지 않으며 그것을 비추는 불빛의 평행봉놀이는 근원을 알 수 없는 느낌들의 투명한 커튼 위에 대충 갠 물감들의 구를 떠받친 발판의 무게를 견딘다

1940년 1월 14일

길게 늘어선 침묵이 캐러멜을 빨아먹는 창문의 입술을 겉으로 드러내는 가짜 나무로 그린 하늘의 주름들 사이에 그의 칼끝을 살며시 들이민다

1940년 1월 20일

하늘의 주름들 위에 열린 창문의 입술의 캐러멜이 칼끝에서 손잡이까지 칼 길이 전체를 살며시 들이밀고 길게 늘어선 침묵을 가짜 나무로 그린다

1940년 2월 25일 파리에서

너무나도 난폭하게 하늘로부터 뿌리 뽑힌 밤
그 많은 핀들에 찢겨 소멸하면서
조금씩 다시 발견된 창백한 그의 속옷들의 파리함
그의 껍질이 우물에 던진 돌의 메아리 속에 잠긴다

1940년 3월 1일

식사
침대보가 침대에서 일어난다 그리고 즉시 그의 바퀴들이 진열된 목을 비웃으면서 갈래갈래 찢어진다 크리스털 꽃병에 사슬로 묶인 테이블 다리들 밑에서 제 낡은 신발을 질질 끄는 노래 위에 완전히 꽂힌 꽃다발의 외양 그리고 반복하는 목소리 창문의 이가 빠진 입술로 그에게 고함을 치게 하려 잔뜩 긴장한 파랑의 간호에 옷을 벗기 시작하는 거울이 그에게 매우 형식적인 인사를 한다 그리고 아주 이상한 첫 번째 요리로 모래가 가득한 눈물을 내온다 그리고 가장 아름다운 사람들 중에서 선출된 여자들과 남자들로 하여금 이로 그것을 깨물게 한다
끝

1940년 3월 4일

낚시 바늘들로 수놓인 입 늑대 덫 { 연보랏빛 / 장밋빛 / 연보랏빛

목 졸려 죽어가는 인어들의 절규들을 찔러 넣은 침대보의 가장자리를 핀으로 고정시키는 귀리밭의 내민 손 풍부한 뿔 종처럼 울리는 버터 바른 빵조각의 쟁기 아래서 가구들을 닦는 구름들의 피부를 찢는 손톱들 선택된 곡선들과 각도들로부터 그것을 확실히 밝히려는 것처럼 보이는 베개들의 얼룩이 바르바리아의 오르간에 경보를 울린다 리놀륨 위 바닥에 벽보처럼 붙은 색채들의 단과 주름들 눈물들과 외침들의 쌓아올린 접시 더미가 수프를 만들고 그의 내장에서 뽑은 소고기를 요리한다 대범한 붓질들로 자유롭게 그린 하늘의 빛나는 밧줄로 올라가는 맑은 공기욕의 의복과 장신구 그리고 건반 위에 스치는 드레스의 옷단이 열정적으로 피아노 곡을 연주한다 저녁에 돌아오는 나룻배들 암말의 젖을 짠 아몬드 우유가 가득한 물 양동이 속에 비늘로 뒤덮인 팔들 순수함을 재현하고 단순히 그를 가리는 새장의 창살들에 부러진 그의 날개들 못에 매달린 허공 위에 반죽처럼 잔뜩 펴바르기가 불가능한 진정한 비극을 갖가지 얼굴 표정들 뒤에 감

추어 주는 작은 은별들이 반짝이는 수국

1940년 5월 20일

수탉의 노래 살무사의 소굴에서 뻗어 나온 팔 밑에서 경직된 하늘의 혼란스런 동요가 모습을 바꾸며 요동치는 정오 걷힌 커튼들 꽃다발의 교수대 날개들 레몬 유황 꽃들 붓꽃들 그리고 향기로운 양귀비들 겨드랑이들의 오렌지가 제 머리칼을 찬양한다

1940년 6월 7일

그의 손에서 사라지는 아름다움이 그의 이슬을 하수도 직결식 수세장치 위에 놓는다 보리수를 닮은 초록색 양탄자 밑을 팔꿈치로 헤치고 나와 기어오르는 꽃들―닻 유화에서 발산하는 냄새들 창문에서 불타는 라일락이 철조망 사이에서 저녁의 어깨를 문다―모자의 레몬 불꽃들이 경주를 따라간다 나선형으로 타버리는 엮은 끈

1940년 7월 26일

IV

넘치는 애정으로 꽃다발의 다친 머리를 감싸는 크리스털 안에서 전율하는 금속성 소 혀

V

금속을 경작하는 소들 꽃다발의 다친 머리의 크리스털 밭에 이는 불꽃들

VI

모든 광풍을 향해 열린 부채 무지개의 깃털 꽃다발의 다친 머리의 크리스털 밭에 이는 불꽃의 금속을 경작하는 소들

VII

무지개 짓밟힌 향기의 종이 울리는 비명에 깨진 꽃다발의 깨진 크리스털의 깃털의 광풍의 불꽃의 금속을 경작하는 소들

VIII

깃털의 무지개 불꽃의 크리스텔을 경작하는 소들

　IX
무지개의 깃털 종의 비명의 향기의 크리스텔 불꽃을 경작하는 소들

　X
불이 붙은 무지개의 깃털이 만들어낸 광풍으로 홈이 파인 향기의 크리스텔 종의 비명

　XI
깃털들의 광풍 무지개의 크리스텔 함성 다발의 불꽃들을 경작하는 소들

　XII
깃털들의 광풍 무지개의 크리스텔의 소리 높은 함성들 꽃다발의 불꽃의 향수를 경작하는 소들

　XIII
깃털들의 광풍 무지개의 소리 높은 함성들 불꽃다발

　XIV
불꽃이 이는 광풍의 크리스텔을 경작하는 깃털의 무지개의 소리 높은 함성들

1940년 9월 18일

아침 조망

I
석화된 불꽃들 구름들 악취를 풍기는 하늘의 흐르는 벽돌들 위에 제 침을 방울방울 떨어뜨리는 앙고라토끼 포도나무들의 침대보들*가슴을 깨무는 테이블의 다리들 사슬로 덮인 제 발들을 질질 끌며 가는 하늘*튀김 반죽 위에 흩뿌린 파랑의 발톱의 카나리아가 제 방울들로 시간을 알린다

II
치즈의 굳은 겉껍질들 헝클어진 머리칼들 강의 두꺼운 널판들 위에 놓인 반석 위에서 사라지는 나무들 제 풀잎 버터의 콧구멍들의 램프가 기름을 치는 양털을 제 손가락들로 애무한다 에나멜을 칠한 떨리는 숨결

III
네 모퉁이에서 창문이 움튼 하루를 찢는다 그리고 늘어진 자락 비처

럼 쏟아지는 죽은 새들이 벽을 두드리고 제 웃음들의 방을 피로 물들인다

1940년 9월 19일

＊다른 아침＊
하늘이 창문의 바싹 마른 틀 위에 펼쳐진 침대보의 비단을 온 힘으로 떠받친다 그리고 그의 뺨들의 창백함이 초록의 새콤한 설탕의 털들이 가득한 주머니를 부풀린다 장미들 아네모네들 수포가 제 볼록한 부분을 침실에 살며시 들이밀면서 톱의 버터들로 제 피부를 찢는다 석고상의 얼어붙은 입술들 뽑힌 깃털들로부터 흘러내리는 핏방울들이 이 축제를 위해 구석에 쌓아놓은 초롱더미에 불을 붙인다

1940년 11월 5일 화요일

마녀가 나체로 익어가는
불붙은 장작에서
나는 즐겼다
오늘 오후의
입술 끝으로
내 손톱으로
모든 화염에 휩싸인
피부를
천천히 벗겨가며
새벽 한시 오분
그리고 조금 시간이 흐른
지금 세시 십분 전에
내 손가락들은 아직도
따끈한 빵과 꿀과 재스민들의
감미로움을 느꼈다

1941년 11월 24일 화요일

손가락들 끝에 흔들리는 꽃다발의 불꽃들의 난간에 매달린 물방울 밤을 긁어대는 갈대들의 소리로 불타는 입술들 절규들과 저주들과 폭소들 물결치는 대로 내버려둔 몸에서 들어올리는 날개의 해변에서 썩어가면서 게들의 악취를 가중시키는 뒤섞인 색깔들의 리본들

1942년 12월 24일

심사숙고 끝에 낳은 달걀 위 아주 일찍 일어난 비에 드러난 술책이 하늘빛이 도는 하양들에게 귀에 거슬리는 소리를 낸다 불평의 즐거움 그의 꽃다발들의 달이 질 때 나는 강한 냄새가 일렬로 사라진다— 조롱의 대상이 된 필연성과 출발 명령 그리고 모든 것으로부터 초연한 판단 그리고 구름이 천천히 장미에서 장미로 내려온다 음악들과 향내들로 맛깔스럽게 장식된 채 기어오르는 행렬들

[1943년 5월 16-30일]

1943년 5월 30일

무지개빛 분수처럼 튄 피의 방울방울들을 중재하기 그리고 불이 붙은 침묵의 거울로 그리고 전원에서 소용돌이치는 노래들과 음악으로 흥이 난 축제 분위기 그리고 특별히 세밀하게 정련된 비단들 각 페이지마다 각 줄마다 각 일그러진 태양마다 명시된 묘사들

1944년 11월 8-9일

신선한 버터로 만든 잉크의 소관목들 위에 레이스들 활짝 펼쳐진 부채들 흩어진 신들 장미나무의 꿀벌 밀랍 위에서 날개를 치며 노래하는 빛나는 크리스털 얇고 유연한 돛의 포 한 숟가락의 분량들 카드로 만든 공중의 성들 길에 기름을 치는 깃털들의 향수를 뿌린 오르페옹(옮긴이 : 건반악기)들

무지개의 기적적인 꽃불 장식들 큰 소리로 고함을 지르며 마시는 우유가 가득 담긴 항아리들 매달린 거울의 회귀선들 위에서 두 발을 모아 팔짝 뛰는 하늘색 창가의 애인들과 육체들

1947년 7월 27일. 앙티브에서

장식 털을 접은 부채의 북극광 진땀의 커튼들 속에 박아넣은 손톱들 창 끝에서 경련을 일으키는 절규들 흰색에 질질 끌려온 거대한 항아리들 주변에 무릎을 꿇은 날개들을 파닥이는 적갈색 달들의 겁에 질린 무리들 수평 방향의 파랑으로 더럽혀진 침대보들의 레몬 오렌지 한 쌍 시큼한 소고기 재스민의 금 고딕식 액자들 치아들 아래 숨겨진 포도주가 가득 담긴 술잔들 솟구치는 강한 욕구들을 제 팔들로 감싸는 레이스들 그리고 군악대 맨 꼭대기에서 아라베스크 모양들을 펼쳐 보이는 유희들 강철을 매우 세밀하게 체계화하는 무지개에 걸린 국기들 사고로 말미암은 상처 접시꽃 송이들 그리고 늪 속에서 다리를 허우적거리는 벌꿀의 꽃줄 그리고 대리석 위에서 접어 다림질을 한 수치스럽게 고약한 냄새를 풍기는 회한들이 먼 곳의 획득물을 영접하고 정중하게 인사한다 그리고 채소밭의 재 위에서 흔들리는 기교적인 파랑돌(옮긴이 : 프로방스 지방의 춤, 무곡).

석회에서 뽑힌 아이들이 정열을 불태운다 상처를 긁는 칼의 뒤틀린 칼날 끝에서 구워지는 수은의 잎들 만세.

장미와 맨드라미를 씨 뿌리는 종이의 간사한 추함이 괘종시계가 시들고 초록색으로 칠한 교수대 다리에 정확하게 생리적 욕구를 해결하는 드리운 그림자에 창문을 핀으로 고정시키는 동아줄들 위에 매달린 호수의 구름들 사이에 입술에서 입술로 제 밀랍을 녹이는 정확한 시간에 계속 가르랑거리는 소리를 낸다.

그리고 그에게 사기를 치는 그리고 애도를 표하는 매우 뜻밖의 방법 잃어버린 수많은 군도 차가운 맛있는 수프 속에 용해된 육체와 애인들 그토록 많은 선회를 거듭하는 회한들의 스카프 위에 발을 모은 감자튀김. 그러나 육체적으로는 완벽한.

1951년 7월 18일 발로리스에서

오간디(옮긴이 : 극히 얇은 모슬린의 일종) 물망초 발정한 나무 그의 경로를 이탈한 태양으로 인해 얼어붙은 광대한 파랑의 가면을 벗긴 종려나무 제 모든 이빨들로 사랑에 빠진 두 마리 개구리들의 노래를 깨물며 별들의 소나기를 자신의 가슴 가득 흠뻑 받는 새벽의 내민 손가락들 섬광 산호 우글거리는 향기 국기들과 그의 시선의 맨드라미 빛 천의 늘어진 자락들에 못 박힌 레이스들 무릎을 꿇고 반쯤 벌어진 상처의 목을 따는 재빠른 검을 기다리며 교수대의 동아줄을 뜯어먹는 마른 풀잎

1951년 7월 20일 발로리스에서

바람에 울리는 자명금에 늘어뜨린 침대보들 사이에서 뛰노는 침묵의 아름다운 큰 물결 한가운데 은닉한 카드 기름이 무릎을 할퀸 대리석들 그 위에 놓인 손잡이가 둘 달린 항아리들
습관 위험들 무용들 그리고 열을 지은 재주넘기들 규방에 걸린 실들에서 잡아 뽑은 빛을 제 머리칼 속에 지닌 은총
가슴 가득 짐을 떠안는 안락의자의 팔들
방울방울 저녁이 속는 흉내를 내는 파란 네모의 녹은 버터의 드레스 위에 리본들을 푼다 거울 위에 입술 모양을 찍는 밤
나비가 몰래 제 날개를 망가뜨리고 크리스털처럼 빛나는 달에 제 나막신들을 매단다

새콤한 사탕 박하 드롭스 편도의 설탕조림과자들의 파란색과 붉은색 상자
피리 부는 사람들의 분홍색 편도의 설탕조림과자들의 상자의 초록색 잎사귀들을 자르는 접시꽃의 새콤한 화면
삼 프랑 구십삼 상팀 마시멜로 과자 차가운 초콜릿 삼백팔십오 박하 드롭스들 그리고 전부 총액의 총액의 총액

오월의 멋진 저녁 정말 불편한 기차 그리고 굉장한 삼바춤 음탕한 원숭이가 행복의 시간에 자명종을 맞추고 꼬리로 장부에 서명한다
중국식 그림이 그려진 파란색 실내화가 투기장 안에서 제 창자들을 질질 끄는 쾌락의 고뇌를 호소한다 화강암에 못 박힌 글라디올러스 꽃다발이 꿀 속에서 제 속박들로부터 벗어난다
달이 좋은 패를 감추고 구름에 천천히 불을 당긴다
(멀리서 울부짖는 당나귀)

1951년 9월 26-28일 발로리스에서

그리고 만일 바퀴들과 탱크와 절규들이라면 아무래도 좋다 찌그러져 가는 달의 애수들의 갖가지 표정이 피리들과 공백들로 넘쳐난다 검들을 다발로 엮는 자스민 밭들 그의 적갈색으로 물든 머리칼들 만일 잠에서 깨어날 무렵 맨드라미 빛 하늘 위에 시냇물들이라면 벽돌들 위에서 제 창자들을 질질 끄는 가짜 침대보 별들에게 흙탕물을 튀기는 얼룩들이 밤의 파란 고치들을 싹트게 한다 소금을 섞은 코발트 보라색 위에 그린 그림의 순수함 창가에서 서로의 허리를 감싸안고 노래하는 웅변적인 거창한 연설들을 빛나게 하며 그의 등과 궁둥이의 건축물 안에 온화함과 사랑과 기품을 수없이 거두어들이며 각 방을 쓰는 뜨거운 진주들을 품은 날개들 그의 팔이 폭포가 되어 방울방울 떨어진다 푸른 보랏빛 침대보의 구겨진 대리석들 위에 행복의 원천 밤이 주름진 새들의 비상에 한랭사로 얼굴을 덮는다 새틴 같은 별로 긁어낸 벌꿀에 덮여 끈적끈적해진 그의 손가락 아이스크림 다리의 아치가 하프 현들 밑에서 허리를 곧추세운다

그의 이름의 대문자가 유화를 찢고 그림 위에서 샘물을 발견한다 비처럼 쏟아지는 달콤한 아몬드들 격자 모양의 상처가 난 자신의 육체를 울부짖고 있는 은폐된 호수의 밑바닥

재들의 장막이 부재의 팔에 얼싸안긴 태양의 절규를 억누른다 불가사리가 귀에 거슬리는 울음소리를 내면서 기어 올라간다 동아줄 끝에 입맞춤들로 가득 찬 항아리
염소가 부른 배를 두드리며 투기장의 늑대를 쫓는다
사랑은 제 가문을 배신하고 날개로 창문들을 두드리면서 먼지를 아프게 한다
우리는 추락의 기슭에 앉은 시간을 듣는다
광인 하나 광인 둘 광인 셋 광인 천 명 광인 열 명 광인 삼십 명 광인들과 광인들 오케스트라가 룸바를 연주한다
구두수선공의 딸 빵집 조수의 딸 얼간이들의 딸 영세 대자의 딸 아빠의 딸 엄마의 딸 제 딸의 딸과 미성년 딸과 아버지의 딸과 어머니의 딸 조모의 딸과 아빠의 딸과 거인의 딸과 난장이의 딸 모든 남자들과 모든 여자들 쾌락의 국민의 국가의 계절에 늦게 도착한 사생아 딸들 무릎을 꿇은 채 앉고 눕고 서는 민중의 딸
잠이 들고 잠이 깨고 뚱뚱하고 마르고 조용하고 수다스럽고 더럽고 치사하고 깨끗하고 똑똑하고 바보스럽고 질서정연하고 애무를 좋아하고 까다로운 의자 위에서 그리고 이웃 나라의 모든 춤추는 소년들 창녀의 아들 신부의 아들 날개 돋친 호박들 압정상자 별이 총총한 파란 하늘 금빛 띤 적갈색의 장밋빛 구름 아몬드 초록색 레몬 처음 웃는 사람이 딱따기를 갖게 될 것이다
그리고 그것들을 세기 위한 신기한 숫자들 X와 Z와 24 그 달의 첫 번째 수호신 소금통 상치들 멜론 향기로운 식물들과 마지막 도깨비 상자 이야기의 종말 그리고 좋은 아침 좋은 저녁인사들 그리고 감사하기 결국 일동에게 감사
나를 질투하며 세심하게 돌보는 신성한 작가의 통속어로 쓰일 역사

적인 다음 작품을 준비하도록 하기 위하여 여기서 이 연재소설을 마친다

그의 벌거벗은 몸의 도개교 물망초의 물웅덩이 물을 오목한 손에 담아 마시는 별무리의 변덕스런 욕구 들보의 샘 짧은 행복의 숨겨진 순간들

지하 감옥의 문을 갈고리로 곁쇠질하여 여는 보름달 위에 펼쳐놓은 방수포 재해면적을 계산하는 밀랍인형의 지문으로 막혀버린 자물쇠의 귀에 대고 속삭이는 북 부채처럼 벌린 다리들 밤을 참아내며 교수대에 묶인 솟아오르는 분수에게 제 귀리 밭들을 주면서 가슴 위에 얹은 손가락들 사이에 짓눌린 채 무릎 꿇은 의자 나일론 셔츠 사랑에 미친 여인을 무는 멜론 조각 모란들의 과도한 도둑질에 공감하는 비 폭죽이 담긴 가방을 잡아당겨 사물을 확인하고 창백해진 옷핀들을 과시하는 저녁이 때마침 도착한다

1952년 3월 31일 파리에서

[벨로야니스에게]

오월의 저녁 마드리드에서 밤을 밝히는 기름 가로등들의 희미한 불빛 고야 그림 속 이상한 육식 조류에 의해서 총살당한 민중을 대면한 귀족들은 두려움과 증오심을 땀처럼 흘리는 정부들의 명을 받아 그리스의 열린 가슴 위에 탐조등들을 잔뜩 유포하는 것과 같은 부류의 공포의 종자이다. 거대한 하얀 비둘기 한 마리가 땅 위에 제 애도의 분노를 뿌린다

1954년 10월 18일 발로리스 푸르나 화실에서

꽃이 핀 편도나무들이 왜 그토록 그렇게 많이 울어야만 하는가? 창가에 눈에 띄도록 아주 우아하게 차린 오늘의 낮에 놓인 매우 빛나는 용마루에 매달린 첨두홍예(옮긴이 : 건축용어, 고딕식 아치)의 꿀의 아치 주위에서 일어난 사건들. 반기로 게양된 국기들 위에서 경종을 울리는 음악의 곡조에 둘러싸인 소금으로 범벅된 손들 부엌의 개수대 밑에서 제 창자들을 질질 끌면서—아주 일찍 일어나 약간 굳어진 빵을 물어뜯는 시간. 분열행진과 군악대를 동반한 분노. 그의 웃음소리들과 고함소리들로 만든 꽃다발에 물을 뿌리며 살짝 익힌 아이들. 풀 위에 제 침대보들을 뒤트는 용의주도한 조언. 모든 지붕 위에서 속옷을 훨훨 벗으며 모난 각을 둥글게 가다듬는 사냥. 그리고 딱딱하게 굳은 설탕과 가지들에 매달린 기퓌르(옮긴이 : 짠 부분이 보이지 않고 모양과 모양을 이어 맞춘 두터운 레이스)의 깃 장식들 위에 그의 향기가 조금씩 배어나오게 하는 창공의 천 백 송이 꽃들. 대들보들의 규모를 살피며 삼각형과 마름모꼴로 만들어야 하는 필요성. 테라스의 포석들 위에 부서진 제비집들에게 재미있는 연애 사건을 들려주는 사랑. 에메랄드빛 조각배 가장자리에서 선 채로 누우려 노력하는 아주 어려운 완벽한 자세. 저녁 전에 빨래를 하고 계산들을 하고 명세서를 만들어야 할 필요성. 쐐기풀들에서 넘쳐흘러 방울방울 흘린 모든 피가 담긴 대리석 꽃병들을 매일 온종일 계속 던진 찌꺼기들로 가득 채우기. 여왕을 만든 창궐한 퇴폐와 모든 기정사실들의 방책들. 사채업자 시인으로 우스꽝스럽게 분장한 북극광.

마침표 끝.

주요 참고문헌

벨 크라이브, 「피카소의 시」, in 게트 쉬프트, 『피카소에 대한 관점』, 1976년, p. 86-87. 베르나닥 마리-로르, 「위장이 있는 그림 : 피카소 작품 속에 나타난 식량에 관한 주제」, in 전시회 카탈로그 『피카소와 사물들』, RMN, 파리, 1992년, p. 22-29. 브루멘크란츠-오니무스 노에미, 「작가 피카소 혹은 색채의 복수」, 《유럽》, 1970년 4-5월호, p. 143-164. 브르통 앙드레, 「시인 피카소」, 《까이에 다르》, 7-10호, 파리, 1936년, p. 185-191. 브루너 카트린, 『피카소가 다시 쓰는 피카소』, 블랙 도그 퍼브리싱, 런던, 2004년. 가스만 리디아, 『피카소 작품 속에 나타난 마술적 신비와 사랑』, 1925-1938년, 논문, 국제 대학 마이크로필름, 안 알보르, 미시간, 미국, 런던, 영국. 골딩 존, 「피카소와 시」, 《뉴욕 서적잡지》, 1985년 11월 21일, p. 11-14. 구아스타비노 마르크, 미카엘 앙드룰라, 「글쓰기는 유희가 아니다」, in 『피카소, 신화의 대상』, l'ensb-a 출판사, 파리, 2005. 올리에 드니, 「나도 작가, 시인 피카소 주변의 주석들」, 《카이에 뒤 MNAM》, 1991년 겨울호, p. 93-106. 헤메네스 밀란 안토니오, 「아방가르드 배경에서 본 피카소의 문체」, 『연안지방』, 아윤타미엔토 데 말라가, 제2판, p. 205-214. 르벨 장-자크, 「토탈 연극의 천재적 밑그림」, 《라방-쎈느》, 500호, 파리, 1972년 8월호, p. 10-11. 레리 미쉘, 「작가 피카소 혹은 돌쩌귀에서 벗어난 시」 서문 in 피카소, 『작품』, 갈리마르-RNM 출판사, 파리, 1989년. 미렝 루이, 「인물화의 실험실에서」, 《카이에 뒤 MNAM》, 38호, 1991년 겨울호, p. 77-91. 미카엘 앙드룰라, 『피카소 작품 속의 시간과 공간』, 박사논문, 파리 I 대학, 1997년; 「피카소 글쓰기 연구소에서」, 즈네지스(CNRS), 15호, 2000년 ; 「불가능한 책―피카소 작품에 대하여」, 학회회의 보고서 『1940년부터 예술가들의 작품』, 프랑스와즈 르바이앙 감수, l' IMEC 출판사, 2004년. 몰리나 안토니오 페르나데즈, 『작가 피카소』, 마드리드, 대학 총서, 1988년. 피오 크리스틴, 「피카소와 글쓰기 연습」, in 피카소, 『작품』, 갈리마르-RNM 출판사, 파리, 1989년, p. XXVI-XXXIII. 크노 레이몽, 「아름다운 경이」, 『까이에 다르』, 1940-1944년. 차라 트리스탕, 「피카소와 시」, in《논평》, 로마, 사업연도 IV, 3권 7-8월, 1953년, p. 183-203. 제르보스 크리스티앙, 「피카소의 텍스트들」,《까이에 다르》, 1948년, XXIII권, 1호, p. 50-52.

삽화 목록

p. 34 : 1935년 11월 20일자 시들. 3차 단계 원고. 둘로 접힌(1쪽에) 아르쉬 인쇄용지 위에 먹물로 쓰임, 25.5×17cm. 피카소 박물관 고문서 보관소 소장 ⓒ 피카소 상속 2005

p. 36 : 1935년 12월 9일자 시. 1차 원고. 둘로 접힌(1쪽에) 아르쉬 종이 위에 먹물로 쓰임, 25.5×17cm. 피카소 박물관 고문서 보관소 소장 ⓒ 피카소 상속 2005

p. 40 : 1935년 12월 16일자 시. 2차 원고. 둘로 접힌(3쪽에) 아르쉬 종이 위에 먹물로 쓰임, 25.5×17cm. 피카소 박물관 고문서 보관소 소장 ⓒ 피카소 상속 2005

p. 50 : 1936년 3월 22일과 24일자 시들. 1차 원고. 둘로 접힌(1쪽에) 아르쉬 종이 위에 먹물로 쓰임, 25.5×17cm. 피카소 박물관 고문서 보관소 소장 ⓒ 피카소 상속 2005

p. 54 : 1936년 3월 29일자 시의 속편. 1차 원고. 둘로 접힌(3쪽에) 아르쉬 종이 위에 먹물로 쓰임, 25.5×17cm. 피카소 박물관 고문서 보관소 소장 ⓒ 피카소 상속 2005

p. 58 : 1936년 4월 4일자 시. 데생을 곁들인 1차와 2차 원고들. 둘로 접힌(3쪽에) 아르쉬 종이 위에 먹물로 쓰임, 25.5×17cm. 피카소 박물관 고문서 보관소 소장 ⓒ 피카소 상속 2005

p. 74 : 1936년 4월 29일자 시. 1차 원고. 둘로 접힌(3쪽에) 아르쉬 종이 위

에 먹물로 쓰임, 25.5×17cm. 피카소 박물관 고문서 보관소 소장 ⓒ 피카소 상속 2005

p. 76 : 1936년 5월 3일자 시. 1차 원고. 둘로 접힌(3쪽에) 아르쉬 종이 위에 먹물로 쓰임, 25.5×17cm. 피카소 박물관 고문서 보관소 소장 ⓒ 피카소 상속 2005

p. 192 : 이 책에 소개된 작품 게르니카는 SACK를 통해 Succession Picasso와 저작권 계약을 맺은 것입니다. 저작권법에 의하여 한국 내에서 보호를 받는 저작물이므로 무단전재 및 복제를 금합니다.

| 옮긴이의 말 |
피카소와의 100일간의 동거

서 승 석

누가 내게 "죽음이 무엇인가"라고 묻는다면 나는 "피카소의 그림과 시가 없는 세계로 돌아가는 것이다"라 답할 것이다. 인간이 살아가기 위해서 필요로 하는 '아름다움에 대한 환상' 뿐만 아니라 그 이면의 추함까지도 깊이 추구하고 적나라하게 보여준 피카소의 작품을 볼 수 없는 아득한 암흑의 세계로 내던져지는 것이라고.

얼마 전(2009년 1월 26일) 파리의 그랑 빨레(Grand Palais)에서 열린 〈피카소와 그의 은사들(Picasso et ses Maîtres)〉이라는 특별전을 관람하기 위해 책을 들고 겨울비를 맞으며 3시간 동안 언 발을 동동 구르며 기다렸다. 경제 위기 속의 암울한 파리를 용광로처럼 뜨겁게 달아오르게 하는 피카소의 열풍에 새삼 놀랐다. 동시에 오르세 박물관에서 열리고 있는 〈피카소와 모네〉 전시회에서도 그 열기는 마찬가지였다. 피카소의 시를 통해 그의 내면세계를 살짝 엿본 경험이 있는 나에게 그의 작품들은 정말 새로운 감동을 다시 불러일으켰다. 가끔 피카소는 거물이 아니라 괴물이라는 생각이 들곤 한다. 자신의 완성을 향해 끊임없이 그림과 글을 통해 짓고 부수고, 구성하고 변형하고, 반복하고 절망하면서, 예술적 영감을 얻기 위해 숱한 여인들을 사랑했건만, 누군가가 말했듯이, 결국 '그가 사랑한 것은 오로지 자기 자신' 뿐이지 않았을까 여겨진다(2009년 3월).

　어느 비바람 부는 늦가을 피카소가 내 품안에 뛰어들었다. 초현실적 용어로 필연적 우연이랄까? 「프랑스 화가들에게서 느끼는 시적 단상」이란 연재로 시작한 알렝 본느프와의 누드 작품에 대한 미술평론을 《인사신문》에서 읽고, 문학세계사의 김요안 실장이 번역을 의뢰해왔다. 피카소는 내가 박사논문을 쓴 폴 엘뤼아르의 절친한 친구라서 유학 시절 피카소의 전시회라면 열심히 다녔고, 그에 관한 책도 닥치는 대로 수집했고, 파리며 남프랑스, 세계 곳곳에 있는 그의 박물관, 그의 체취와 발자취가 스친 곳을 무던히도 찾아다녔다고 자부했는데, 피카소가 그림과 조형작업을 다 묻어두고, 다년간 시 작업에 몰두했었다는 사실은 금시초문이었다. 우선은 호기심이 발동하여 그의 시집을 보러 출판사에 갔다가 난 당장 그 책을 보물단지처럼 싸들고 왔다. 마치 나의 모국어로 다듬어져 한국 독자들 앞에 찬란히 빛나기를 바라는, 나의 손길을 기다리는 다이아몬드 원석처럼. 이렇게 피카소와 나의 100일간의 동거는 시작되었다.

　피카소 하면 떠오르는 모습은 언젠가 영화에서 본, 사각팬티 차림으로 벽면 전체 크기의 화폭에 신들린 듯 붓질을 해대는 몸짓이다. 디바처럼 창조와 파괴를 거듭하는 그의 열정적 작업의 뒷면에 내재한 활화산처럼 분출하는 표현의 욕구를 다 충족하지 못하는 짙은 외로움을 난 언제부터인가 공감하기 시작했다. 욕정으로도 다 풀지 못하는 그 결빙하는 외로움을 그는 뜨개질을 하듯 언어의 유희를 통해 풀려 했던 것일까? 그의 예술 다방면의 치열한 실험정신은 경이로움을 넘어 숭고함까지 불러일으킨다. 내가 피카소의 시집을 통하여 알고 싶었던 것은 '그의 그림에서 미처 다 읽어내지 못한 그의 심상과 그의 고독의 깊이는 과연 얼마나 될까' 하는 것이었다. 언어의 장벽이라는 한계로 국경을 넘기 힘든 문학작품과는 대조적으로, 그림과 음악은 시공을 초월해 전세계적인 공감대를 가질 수 있다는 부러움 때문에 5년 전부터 한국화를 배우기 시작한 나로서는 그와는 반대로 화가가 무슨 생각으로 글이라는 방식으로 자기 표현 양식을 전향하게 되었는지도 흥미로운 일이었다. 여성편력가로 유명한 그의 주변의 인물들 중에는 심지어 미치거나 자살한 부인들과 자식들도 있다. 그럼에도 불구하고 숱한 미모의 여성들로 하여금 끊임없이 부나비처럼 그와 열정을 불사르려 몸을 던지게 유인했던 그의 마력의 정체는 과연 무엇일까. 이런 수수께끼를 풀고 싶어 시작한 불가사의에 대한 나의 도전은 초장부터 여지없이 깨지기 시작했다. 난공불락의 성처럼 내 앞을 가로막는 현학적인 서문부터 나의 지적 오만을 여지없이 뭉개버리더니, 이어지는 피카소의 산문시는 가까이 다가갈 수 없는 거인의 모습으로 나를 절망감에 몰아넣었다. 이 언어의 퍼즐을 맞추느라 밤낮없이 신열에 들떠 나는 이집트 상형문자보다도 더 어려운 피카소의 언어유희의 해독에 몰입했다. 그의 언어체계는 난해하기로 유명한 심리학자 자크 라캉 이상으로 독특하고 희한한 전대미문의 고유 언어체계를 형성한다. 번득이는 일종의 탁월함으로써의 광기랄까? 정신적 교감은 때로 육체적 교감보다도 더 짜릿한 전율을 느끼게 한다, 비록 만질 수도 닿을 수도 없건만.

  시인으로서의 피카소의 가치는 시간과 색채의 탐구이다. 그는 글로써 그림을 그리려 했다. 사물과 사물의 병치화법을 되살리기도 하고, 추상명사로 그 사물을 대치하기도 하고, 혹은 의인화된 색깔이 주인공이 되기도 하고, 산문시로써 「게르니카」를 재현하기도 하고, 때로 이상李箱의 「오감도」를 연상시키는 시에서 시간과 공간의 미로를 헤매기도 하면서…… 그러나 그의 끝나지 않을 듯하던 정신분열 중 환자의 독백(귀신 씨나락 까먹는 소리와 흡사한)과도 같고, 스님의 염불소리와도 같던 랩 음악풍의 음송시도 이제 끝났다. 무한대의 열린 독서를 향해 열어놓은 채. 언어의 차이로 인해 프랑스어와 스페인어의 감칠맛, 시각적 음악적 감동을 그대로 전달하지 못한 점을 심히 유감스럽게 여기며, 독자들께서 자신의 꿈을 그의 글에서 스스로 길어 올리기를 바라는 마음 또한 간절하다. 더불어 피카소의 시집이 한국에 최초로 소개될 수 있도록 탁월한 선택을 해주신 문학세계사와, 영어·스페인어·프랑스어의 도움 말씀을 주신 유종호 교수님, 하수희 교수님, 삐에르 뒤 샤뗄 백작, 스타니슬라스 루셍 님께 감사드린다.

끝으로 2007년 하얀 겨울을 함께 뜨겁게 불태웠던 정신적 반려자 피카소와의 추억을 졸작 시 「예감」을 통해 긴 여운을 남기고자 한다. 사랑은 언제나 그렇게 벅차게 다가와 말없이 소멸하거늘……

예 감

성전을 향하듯 경건하게 당신에게 다가가고 싶습니다 다가가 당신의 심장의 박동을 숨결을 느끼고 싶습니다

2008년 3월 6일 바닷물을 다 마셔도 해갈되지 않을 갈증 같은 끝없는 그리움이 시작되다 피카소의 번득이는 언어의 유희로 내 지적 허영심이 흠씬 난타당하는 그의 산문시 갈피갈피 떠오르는 얼굴 당신의 고운 얼굴 그대의 눈길만 닿아도 내 살갗이 타들어갈 것만 같아 희망과 절망

사이 희열과 고통 사이 광기와 탁월함 사이에 해빙하는 너른 들녘 봄 아지랑이처럼 피어오르는 감미로운 이 두려움은 주체할 수 없는 이 벅찬 가슴은 온종일 독백으로 하루를 펴고 접고 살을 닳리는 아픔으로 기다려 봐도 신기루처럼 잡힐 듯 잡힐 듯 그대는 멀어져가고 그래 환상일 뿐이야 하고 돌아설래도 다시 또 나타나 내 무의식 저편 수평선 위에서 끊임없이 부침하는 저주인지 혹은 축복인지도 모를 미지의 그대여

  연둣빛 새벽 사랑의 예감으로 문득 깨어 일어나 몸을 떨게 하는 당신은 누구신가요

Guernica 파블로 피카소(1881~1973)의 1937년 작품. 1937년 4월 26일, 독일이 스페인 바스크 지방의 소도시 게르니카를 무차별 폭격하여 1,540여 명의 사상자를 낸 것에 분노하여 그린 작품. 검정, 회색, 흰색의 입체적 형상 속에 전쟁의 비참함을 표현. 스페인의 마드리드에 있는 프라도 미술관 소장.

© 2009—Succession Pablo Picasso—SACK(Korea)